(L' atlas (1ᵉʳᵉ partie) est in-4° parmi l'in-f.° V. 2647.
D.g.2.)

L texte

V. 2647.
D.g.1.

24052

COURS

MÉTHODIQUE

DE DESSIN LINÉAIRE

ET

DE GÉOMÉTRIE USUELLE

———

Première Partie

COURS ÉLÉMENTAIRE

Le Cours méthodique de Dessin linéaire et de Géométrie usuelle, par M. Lamotte, se compose de deux Parties, qui se vendent séparément.

Première Partie : Cours élémentaire, composé d'un Atlas de 19 planches demi-jésus et d'un volume in-8° de texte; 8ᵉ édition. Prix, broché.   6 fr.

Seconde Partie : Cours supérieur, composé d'un Atlas de 15 planches demi-jésus et d'un volume in-8° de texte. Prix, broché.   6 fr.

Paris. — Imprimerie Panckoucke,
Rue des Poitevins, 14

COURS

MÉTHODIQUE

DE DESSIN LINÉAIRE

ET

DE GÉOMÉTRIE USUELLE

APPLICABLE A TOUS LES MODES D'ENSEIGNEMENT

PAR M. LAMOTTE

Inspecteur spécial de l'Instruction primaire du département de la Seine
Chevalier de la Légion d'honneur

OUVRAGE AUTORISÉ
PAR LE CONSEIL ROYAL DE L'INSTRUCTION PUBLIQUE

Première Partie

COURS ÉLÉMENTAIRE

Huitième Édition

TEXTE

PARIS

CHEZ L. HACHETTE

LIBRAIRE DE L'UNIVERSITÉ ROYALE DE FRANCE
Rue Pierre-Sarrazin, 12

1844

PRÉFACE.

Sans méthode, point de livre élémentaire. La clarté, si indispensable dans les éléments, résulte d'un enchaînement de propositions disposées dans un ordre progressif de difficultés.

Si la transition d'une proposition à la suivante est bien ménagée et peu sensible, si la chaîne des idées n'est pas brusquement interrompue, l'étude devient un amusement, et les progrès sont rapides.

Remarquons toutefois la différence essentielle des sciences et des arts, considérés sous ce rapport.

La science, pour mériter ce nom, doit être une suite de propositions dépendantes les unes des autres et dérivant d'un principe connu. Il n'y a pas de science sans *méthode, analyse, système.*

Dans les arts, la succession des degrés par lesquels il faut passer pour approcher de la perfection humaine, but éloigné de nos efforts, n'est pas indiquée comme dans l'étude des langues.

Et cependant nous devons croire que ceux qui réussissent dans les arts ont suivi instinctivement les règles de cette logique naturelle que l'on rencontre à chaque instant, même chez les hommes dépourvus de toute instruction.

En vain objecterait-on que l'organisation a la plus grande part dans le succès ; qu'on vient au monde avec des dispositions spéciales pour être peintre, pour être musicien, etc. Nous ne prétendons pas nier l'influence de l'organisation, mais nous réclamons une large part pour *la volonté* et pour *la méthode*.

Dans l'étude des arts la méthode est nécessaire; mais dans l'enseignement elle est indispensable. Ainsi, par exemple, nous voyons des dessinateurs habiles être de fort mauvais maîtres de dessin. Leur seul défaut est de céder trop complaisamment aux désirs irréfléchis de leurs élèves, qui veulent copier trop promptement des grandes têtes ou des académies : il n'y a plus alors de progrès possibles.

Lorsqu'on étudie la figure, on fait dessiner d'abord des nez, des yeux, des bouches, des oreilles, puis des portions de figure, puis des figures entières, de profil, de face, de trois quarts. Arrivés à ce point, les élèves copient de petites têtes couvertes de casques, des têtes avec une chevelure plus ou moins difficile, et enfin les grandes têtes.

L'étude des pieds et des mains mène également au dessin des académies. Viennent ensuite les bosses, qui conduisent à copier la nature animée.

Telle est la marche logique suivie par les bons professeurs.

Les innovations, en général, n'ont fait que des dupes.

Dans le dessin linéaire on trouve des figures très-simples et d'autres très-compliquées. Le mérite de cet enseignement consiste dans une progression bien graduée de difficultés.

Le *Cours élémentaire de Dessin linéaire* dont nous offrons aujourd'hui au public la huitième édition, est le résultat d'une expérience de bien des années, et nous osons assurer qu'il sera très-utile dans les colléges, dans les pensions et dans les écoles primaires, si l'on suit exactement la marche que nous indiquons.

Pour être toujours à la portée des élèves, nous n'employons dans les premiers chapitres que les formes de phrases les plus simples ; nous répétons les mêmes tours et les mêmes expressions, pour être plus facilement compris. Quand un mot technique se présente, nous en donnons de suite l'explication, toutes les fois que cette explication ne nous conduit pas trop loin. Puissent les maîtres et les pères de famille nous savoir quelque gré de ces précautions, trop souvent négligées dans les ouvrages élémentaires !

Nous n'avons pas cru devoir nous occuper de la perspective : c'est une étude qui demande plus de réflexion que les enfants ne sont capables d'en apporter ordinairement, et qui d'ailleurs suppose des connaissances en mathématiques. Des notions superficielles et incomplètes de perspective nous semblent tout à fait inutiles.

Plusieurs ouvrages existent déjà sur le dessin linéaire ; mais ils n'atteignent pas le but que leurs auteurs se sont proposé. La plupart des maîtres qui en font usage ne se servent que des planches, et les élèves ne lisent pas même le texte, qui n'est pas à la portée de leur intelligence. Comment espérer des succès lorsqu'on ne connaît que le nom des figures, et qu'on ignore sur quels principes est basée leur construction ?

L'ouvrage que nous publions a pour but de remédier à ce grave inconvénient. Le texte est inséparable des planches ; une partie même doit être confiée à la mémoire.

Le chapitre XVII est destiné à servir d'examen pour constater ce travail.

Nous avons dû nous rendre à l'avis d'hommes habiles qui nous ont engagé à donner les constructions géométriques que nous nous étions contenté d'indiquer d'abord dans le XIVe chapitre. Plusieurs principes ont été développés. Nous avons montré les applications usuelles de la géométrie. Toutes les planches ont été gravées de nouveau, et sur acier, afin d'obtenir des traits plus fins et plus déliés ; des figures ont été rectifiées, redessinées ; d'autres ont été ajoutées ; en un mot, nous n'avons rien négligé pour répondre à l'accueil favorable que les maîtres ont bien voulu faire à nos sept premières éditions.

Cette approbation a été pour nous un puissant encouragement ; et si notre livre est aujourd'hui plus simple, plus clair, plus facile encore à appliquer dans une école, nous reconnaissons que la bienveillance du public a pu seule nous faire surmonter les difficultés que nous a présentées la révision attentive de notre méthode.

Avant de terminer, nous nous expliquerons nettement sur la manière dont nous envisageons le dessin linéaire.

Des auteurs estimables qui ont écrit sur cet objet ne veulent y voir que la géométrie des écoles et des constructions géométriques.

D'autres rejettent complétement le secours de la géométrie, ou la supposent connue. Ils se contentent de présenter aux élèves des modèles progressifs qui les mènent jusqu'aux académies tirées de l'antique, et jusqu'à la perspective et l'architecture,

Nous avons examiné avec le plus grand soin le but de cet enseignement, et nous croyons qu'il y a erreur de part et d'autre.

Ne voir dans le dessin linéaire qu'un tracé au compas et à la règle, c'est ne pas même réfléchir à la signification du mot *dessin*, ou c'est en restreindre le sens d'une manière arbitraire.

Ne pas vouloir s'aider de la géométrie, ne pas y rapporter la construction des figures, c'est repousser l'exactitude et la justesse.

Si la géométrie donne de la précision au dessin, le dessin à vue donne de la grâce et de la facilité.

C'est donc seulement dans l'alliance de ces deux procédés que consiste, selon nous, l'art du dessin linéaire, qu'il faut bien se garder de confondre avec l'*esquisse*, ou tracé du dessin.

L'idée de dessin linéaire rappelle nécessairement des rapports géométriques ou symétriques, et ne saurait s'appliquer aux traits irréguliers des sites, des paysages, etc., etc.

Une fois le point de départ bien déterminé, notre plan s'est développé de lui-même.

Renfermé dans des limites assez restreintes, nous avons exposé la partie géométrique du dessin linéaire, et nous avons traité successivement, 1° de la ligne droite et de ses applications; 2° de la ligne courbe et principalement du cercle et de l'ellipse, avec les applications aux professions industrielles; 3° de la combinaison de la ligne droite et de la ligne courbe, avec les applications à l'ornement, aux moulures, aux vases, à des ouvrages de construction; 4° du dessin graphique.

Nous avions bien compris que cet ouvrage, destiné aux élèves du dessin linéaire, ne contenait pas assez de détails pour les élèves qui se disposaient à suivre les diverses professions industrielles ou artistiques. Les difficultés d'un travail plus complet nous ont arrêté longtemps. Sept éditions du *Cours méthodique* étaient épuisées lorsque nous avons publié le *Cours méthodique de Dessin linéaire*, *destiné à l'enseignement supérieur*, et qui forme, avec la première partie, un *cours complet* suffisant pour les classes d'adultes, les écoles normales et les écoles supérieures. Dans toutes les écoles primaires un peu fortes, on s'en servira très-utilement pour l'instruction des plus grands élèves.

La loi sur l'instruction primaire prescrit l'enseignement du dessin linéaire dans les écoles primaires supérieures. Si cette étude est obligatoire pour les écoles supérieures, elle n'est pas interdite pour cela dans les autres écoles : car l'art. 1er de la loi du 28 juin 1833 dit que, « selon les besoins et les ressources des localités, l'instruction primaire pourra recevoir les développements qui seront jugés convenables. »

D'ailleurs, ce qui le prouve incontestablement, c'est l'ordonnance royale du 23 juin 1836 : elle prescrit l'enseignement du dessin linéaire comme partie nécessaire et obligatoire de l'instruction primaire dans les écoles de filles [1].

Nous nous estimerons heureux si notre *Cours élémentaire de Dessin linéaire* et notre *Dessin linéaire des demoiselles* ont pu contribuer à populariser cette étude si utile à toutes les classes de la société.

---

[1] Nous avons publié, depuis cette ordonnance, le *Dessin linéaire des demoiselles*, avec une application à l'ornement, à la broderie, au dessin des châles et des étoffes, et au dessin des fleurs. Cet ouvrage, que nous avons destiné à créer pour les demoiselles des travaux lucratifs qui leur conviennent parfaitement, a été adopté par le Conseil royal de l'Instruction publique, et a été honoré du suffrage de Sa Majesté la reine des Français, qui l'a introduit dans l'enseignement des écoles placées sous sa haute protection.

COURS ÉLÉMENTAIRE

DE

DESSIN LINÉAIRE.

INTRODUCTION.

1. — Le dessin linéaire, dans un sens étendu, est l'art de représenter les différents objets de la nature au moyen de simples traits.

Le dessin linéaire, tel que l'entend la loi sur l'instruction primaire, n'est qu'une *application usuelle de la géométrie :* il s'appuie sur les principes géométriques, et a pour objet principal de représenter les productions des arts industriels, les machines, etc., etc.

L'étude du dessin linéaire conduit naturellement à celle du dessin proprement dit, qui, par des ombres convenablement disposées, donne du relief à des figures tracées sur une surface plane, c'est-à-dire fait croire à l'œil que certaines parties sont en saillie, *en ronde bosse,* comme elles le sont dans la nature.

Dans les colléges royaux et communaux, le dessin linéaire devrait toujours précéder le dessin de la figure.

L'expérience a démontré que les élèves dont l'œil et la main étaient exercés par le tracé linéaire faisaient des progrès rapides dans le dessin de la figure, et obtenaient un avantage marqué sur leurs camarades dans les constructions mathématiques [1].

Toutes les professions industrielles ont besoin du dessin linéaire : les ouvriers pour faire leur travail, les chefs d'atelier pour le préparer.

Quel est l'homme, même dans la position sociale la plus élevée, qui ne sente en mille occasions la nécessité de transmettre clairement sa pensée à un architecte, à un maçon, à un ébéniste, ou à tout autre ouvrier, par une figure, par un dessin rapide? Des explications longues et inintelligibles pour l'ouvrier sont remplacées très-avantageusement par un tracé linéaire.

Mais, dans ce cas, le tracé linéaire n'a pas besoin d'être exécuté avec une précision mathématique ; il suffit que ce soit une indication, une approximation : sa justesse, qui alors n'est pas indispensable, doit être suppléée par la rapidité.

Si, au contraire, un chef d'atelier prépare le travail de ses ouvriers, les mesures doivent être parfaitement exactes. Ce n'est qu'avec les instruments de la géométrie qu'on peut arriver au degré de précision convenable.

Nous distinguerons, en conséquence, deux espèces de dessin linéaire : *le dessin à vue ou sans instruments, et le dessin graphique ou avec des instruments.*

Ces deux genres de dessin sont également utiles, selon les circonstances ; ils méritent d'être étudiés avec le même soin.

Il n'est pas indifférent de commencer par l'un ou par l'autre : le dessin à vue donne de la justesse au coup d'œil, de la hardiesse à la main et de la grâce aux contours ; à ces qualités acquises, le dessin graphique ajoute la précision et l'exactitude.

Mais vouloir que les élèves tracent immédiatement leurs

---

[1] MM. les professeurs de mathématiques ont dû remarquer que la plus grande difficulté qu'éprouvent leurs élèves en géométrie, quand ils arrivent aux plans et aux polyèdres, vient des figures elles-mêmes, dont il se font des idées inexactes. Avec l'étude préalable du dessin linéaire, cet obstacle disparaît en grande partie.

figures avec le compas et la règle, c'est leur interdire la facilité, c'est circonscrire leur intelligence dans un cercle étroit.

Plusieurs professeurs de dessin ont cru que le dessin linéaire s'appliquait uniquement à l'esquisse des figures, et ils ont composé des ouvrages qui ne trouvent pas d'application dans nos écoles.

Des architectes, au contraire, ne voyant le dessin que dans des lignes géométriques, ont publié des traités de dessin linéaire avec des applications aux ordres d'architecture, avec des épures de géométrie descriptive. Ces ouvrages ont été introduits dans les classes d'adultes d'ouvriers ; mais on n'a pas tardé à reconnaître que la transition des premiers éléments à ces applications n'était pas ménagée convenablement, et qu'il n'en résultait pour les ouvriers aucun progrès sensible.

On perd trop souvent de vue que le dessin linéaire, destiné aux écoles primaires, et même aux collèges, doit se renfermer indispensablement dans les éléments et les applications qui en dérivent, et que c'est à une méthode progressive, mais avançant par degrés presque insensibles, qu'il faut demander des résultats avantageux.

Au milieu des richesses immenses que possèdent nos musées et nos collections de dessins, rien n'est plus facile que de choisir un certain nombre de figures, de les classer, et de croire avoir fait un cours méthodique de dessin linéaire. Mettez cet ouvrage entre les mains de jeunes élèves, et vous verrez bientôt, par expérience, que, si cette prétendue méthode n'a pas donné beaucoup de peine à son auteur, elle en donnera au contraire beaucoup aux enfants.

Nous devons consigner ici une remarque, qui n'a pas échappé, sans doute, à MM. les inspecteurs de l'instruction primaire et aux membres des comités : c'est que les professeurs de dessin linéaire dans les écoles normales et dans les écoles supérieures se croient dans l'obligation d'improviser un enseignement qui leur appartienne en propre, et de chercher à grand'peine une suite de figures d'ornements. Est-il nécessaire de dire que cet amour-propre mal entendu est cause de la faiblesse de l'enseignement dans la plupart des écoles?

Nous avons vu également des régents de colléges communaux peu importants qui, poussés par le même amour-propre, substituaient aux traités d'arithmétique et de géométrie de nos meilleurs mathématiciens des cahiers d'arithmétique et de géométrie qu'ils ne prenaient même pas la peine de rédiger en français. Tous les gens sensés déplorent un pareil aveuglement, si contraire aux intérêts bien entendus des élèves.

2. — La figure la plus compliquée se réduit, en dernière analyse, à deux éléments : *la ligne droite* et *la ligne courbe*.

Nous diviserons le DESSIN LINÉAIRE A VUE et sans instruments en trois parties :

1°. *De la ligne droite et de ses applications;*
2°. *De la ligne courbe et de ses applications;*
3°. *De la combinaison de la ligne droite et de la ligne courbe.*

Le DESSIN LINÉAIRE GRAPHIQUE, ou avec des instruments, ne formera qu'une seule partie. *Voir* chapitre XIV.

DESSIN LINÉAIRE A VUE.

1

DE LA LIGNE DROITE.

CHAPITRE I.

ÉLÉMENTS GÉOMÉTRIQUES.

[Avant de commencer cette première leçon, les maîtres devront lire le chapitre **XVI**, qui contient l'instruction pour l'application de l'enseignement du dessin linéaire.]

3. — Nous supposons les élèves placés en cercle autour d'un tableau noir [1].

Deux procédés différents seront employés, selon l'âge des élèves.

Les jeunes enfants *copieront* les quinze premières figures de l'atlas ; les plus âgés *traceront* ces quinze premières figures au tableau noir, sans consulter le modèle, et sur la seule explication du maître.

Le maître ou le moniteur, suivant le mode d'enseignement, avant de faire tracer la ligne droite, donnera les explications suivantes [2] :

[1] S'il n'y avait pas de tableaux noirs, on ne pourrait pas suivre l'enseignement simultané. Cependant nous devons faire remarquer que, dans tous les modes d'enseignement, et même dans le mode individuel, on a besoin de tableaux noirs. Il est si avantageux et si commode pour un maître qui s'aperçoit qu'une explication n'est pas comprise, de pouvoir la développer sur un tableau noir ! Cette explication prend alors une forme matérielle qui devient sensible et qui se grave plus profondément dans l'esprit des écoliers.

[2] Les guillemets indiqueront dorénavant les explications verbales que devra donner le maître.

« On définit *la ligne droite* le plus court chemin d'un point à un autre.

« Un *angle* est l'espace renfermé entre deux droites qui se coupent ; deux droites ne peuvent se couper qu'en un seul point, qu'on nomme *point d'intersection*.

« La fig. 6 représente un angle. Les deux droites qui concourent au point d'intersection sont les *côtés* de l'angle ; le point d'intersection en est le *sommet*.

« Une droite qui tombe sur une autre droite forme avec celle-ci deux angles, qui sont égaux ou inégaux.

« Si les deux angles sont égaux (comme dans la fig. 5), les angles sont *droits*, et la ligne est *perpendiculaire*. »

Si les deux angles sont inégaux, l'un est plus petit qu'un angle droit, et se nomme *angle aigu*, et l'autre est plus grand, et se nomme *angle obtus*.

« La ligne droite, selon sa position, reçoit plusieurs dénominations : elle est *verticale, horizontale, oblique, perpendiculaire*.

« La *verticale* est la direction suivant laquelle les *graves* ou corps pesants tombent lorsqu'ils sont abandonnés à eux-mêmes : la verticale est donc une ligne droite déterminée par le fil à plomb librement suspendu.

« Le *fil à plomb* est un fil à l'extrémité duquel se trouve une petite masse de plomb (*Voir* fig. 2).

« L'*horizontale* est une ligne qui fait un angle droit avec la verticale : elle répond au niveau de l'eau tranquille.

« L'*oblique* est une droite qui fait un angle aigu d'un côté, et un angle obtus de l'autre, avec une droite qu'elle rencontre. »

Il est très-important de ne pas confondre les notions de verticale et de perpendiculaire.

« La verticale est toujours perpendiculaire à l'horizontale, tandis qu'une perpendiculaire à une droite peut être oblique à l'horizontale : en effet, il suffit, pour qu'une ligne droite soit perpendiculaire sur une autre, que les deux angles qu'elle fait avec cette droite soient égaux.

« Ainsi donc une oblique à l'horizontale peut être perpendiculaire en même temps sur une autre droite, tandis que la verticale a pour caractère distinctif d'être toujours perpendiculaire à l'horizontale. »

4. — *Tracer une horizontale*, fig 1. (On ne doit se servir ni de règle, ni de corde blanchie à la craie.) — Aucune difficulté pour tracer l'horizontale; cependant il faut exiger que le trait soit net. Le maître, dans les premières leçons, peut donner à ses élèves des morceaux de craie taillés en pointe fine. Si la craie se brisait facilement, on la ferait durcir dans des cendres chaudres : cette précaution lui donne assez de consistance pour pouvoir être taillée sans difficulté. Plus tard, il faudra accoutumer les enfants à tracer les traits les plus déliés avec un morceau de craie non taillée, en se servant adroitement des parties anguleuses.

Vérification de l'horizontale. Le maître ou le moniteur appliquera le mètre sur l'horizontale et s'assurera ainsi qu'elle est droite ; il placera au-dessus un niveau, qu'on nomme *niveau à perpendicule.* Celui que nous indiquons fig. 1 est d'une forme très-commode. La ligne sera horizontale si le fil à plomb du niveau couvre bien la ligne verticale tracée sur le milieu de la traverse du bas, et que l'on nomme *ligne de foi.* L'erreur sera immédiatement rectifiée à la craie.

5. — *Tracer une verticale*, fig. 2. La verticale est d'une exécution plus difficile que l'horizontale. Les élèves, habitués a donner à l'écriture une pente de droite à gauche, conservent cette habitude les premiers jours dans le tracé des verticales : le maître, prévenu de cette tendance d'inclinaison vers la gauche, y donnera une attention particulière.

L'élève appelé au tableau tracera plusieurs verticales jusqu'à ce qu'il réussisse, ou bien chaque élève viendra successivement tracer une verticale : la comparaison de ces lignes, que l'on n'effacera pas à mesure qu'elles seront tracées, donnera lieu d'accorder des éloges au plus adroit.

Vérification de la verticale. Le maître ou le moniteur vérifie la verticale avec un fil à plomb : si la verticale est exacte, elle doit se trouver cachée dans toute sa longueur par le fil à plomb.

6. — *Tracer une oblique.* « Il n'y a qu'une espèce de droite horizontale et de droite verticale, mais les obliques varient d'inclinaison à l'infini; on les distingue seulement en *obliques de droite à gauche*, et *obliques de gauche à droite*. »

Tracer cinq obliques de droite à gauche, fig. 3. *Tracer cinq obliques de gauche à droite*, fig. 4. L'inclinaison des obliques pouvant varier à l'infini, la seule précaution du maître, relativement à ces deux figures, consiste à exiger 1° que les obliques soient bien droites, 2° qu'elles aboutissent toutes au même point.

Vérification des obliques, fig. 3 et 4. On appliquera la règle [1] sur les obliques tracées par l'élève, et l'on rectifiera à la craie les défectuosités qui pourront s'y trouver. Comme il est difficile de faire aboutir toutes les obliques au même point, on aura soin d'abord que les élèves tracent les obliques, en partant du point où elles doivent se réunir; plus tard on les fera tracer dans le sens inverse : ces précautions semblent minutieuses, mais elles sont justifiées par l'expérience.

7. — Dès que les élèves sauront tracer nettement les quatre figures précédentes, on répètera le même exercice sur les lignes de longueur déterminée, jusqu'à ce que les élèves apprécient les différences en millimètres : quatre ou cinq leçons suffiront pour obtenir ce résultat.

L'instituteur, tenant à la main un mètre divisé sur sa longueur en décimètres, centimètres et millimètres, le montrera à ses élèves en disant :

« Le mètre que vous voyez est une mesure de longueur égale à la dix-millionième partie du quart du tour de la

---

[1] Quand nous nous servirons du mot *règle*, dans le dessin linéaire sans instruments, il faudra entendre le demi-mètre qui sert à vérifier les droites, et qui effectivement tient lieu de règle.

terre [1]. Il équivaut à 3 pieds 0 pouce 11 lignes 296, et dans la pratique à 3 pieds 1 pouce : cette approximation s'éloigne de la mesure légale de moins de $\frac{3}{4}$ de ligne. Le mètre se divise en dix parties appelées décimètres (dixièmes de mètre); chaque décimètre se divise en dix centimètres (centièmes de mètre); chaque centimètre en dix millimètres (millièmes de mètre). »

8. — *Tracer des horizontales, des verticales et des obliques de*

1 décimètre ou 0m1, puis de 0m2, 0m3, 0m4, 0m5.... 0m9.

Tracer des horizontales, des verticales et des obliques de

Onze centimètres,	0m11; 0m12; 0m13.....	0m19
Vingt et un centimètres,	0m21; 0m22; 0m23.....	0m29
Trente et un centimètres,	0m31; 0m32; 0m33.....	0m39

Tracer des horizontales, des verticales et des obliques de

Cent onze millimètres,	0m111; 0m112; 0m113....	0m119
Cent vingt et un millimètres,	0m121; 0m122; 0m123....	0m129
Cent trente et un millimètres,	0m131; 0m132; 0m133....	0m139
Deux cent onze millimètres,	0m211; 0m212; 0m213....	0m219
Deux cent vingt et un millimètres,	0m221; 0m222; 0m223.,..	0m229
Deux cent trente et un millimètres,	0m231; 0m232; 0m233....	0m239

Les enfants apprécient facilement les centimètres, mais les millimètres échappent par leur petitesse à une évaluation rigoureuse. Il faut ne pas exiger d'abord une trop grande exactitude, et n'indiquer aux élèves que de petites dimensions à tracer.

Pour leur donner l'idée d'un nombre considérable de millimètres, tel que 239 millimètres, on leur fait remarquer que 0m239 est la même chose que 2 décimètres 3 centimètres et 9 millimètres, et on leur fait tracer séparément les décimètres, les centimètres et les millimètres. Sans cette décomposition, les élèves n'apprécieront jamais les millimètres.

---

[1] Nous devrions dire du quart *de la circonférence terrestre ;* mais le mot *circonférence* n'est pas encore connu des élèves.

Exemple de décomposition à faire sur le tableau.

Millimètres.		Décimètres.	Centimètres.	Millimètres.
243	0^{m}243, décomposition	2	4	3
527	0^{m}527, décomposition	5	2	7
632	0^{m}632, décomposition	6	3	2
854	0^{m}854, décomposition	8	5	4

Les expressions 243 millimètres, 24^{cm}3, 2^{dm}43, 0^{m}243; 527 millimètres, 52^{cm}7, 5^{dm}27, 0^{m}527, sont les mêmes, sous des formes différentes.

9. — *Tracer un angle droit*, fig. 5. L'élève trace d'abord une horizontale, et abaisse une verticale sur l'une des extrémités.

Il n'est pas nécessaire, pour que l'angle soit droit, qu'un des côtés soit vertical et l'autre horizontal : l'angle est droit lorsqu'un des côtés est perpendiculaire sur l'autre. Nous avons choisi le cas représenté par la fig. 5 comme le plus simple.

Vérification de l'angle droit. On applique une équerre à la rencontre des deux droites : si ces droites suivent parfaitement les côtés de l'équerre, l'angle est bien tracé; si ces droites ne coïncident pas avec les côtés de l'équerre, l'angle n'est pas droit, et il faudra le rectifier.

10. — « Tout angle plus petit qu'un droit est un angle aigu. »

Tracer un angle aigu, fig. 6. La seule attention de l'élève, dans le tracé de cette figure, doit être de tirer des lignes bien droites; quant à l'inclinaison, il est libre de la faire plus ou moins grande.

Vérification de l'angle aigu. Le moniteur s'assurera, au moyen de la règle, si les lignes sont bien droites.

11. — « Tout angle plus grand qu'un droit est un angle obtus. »

Tracer un angle obtus, fig. 7. L'observation faite sur l'angle aigu s'applique à l'angle obtus : on peut donner aux côtés l'écartement que l'on veut, pourvu que l'angle soit plus grand qu'un droit.

Vérification de l'angle obtus. On vérifiera à l'équerre si l'angle est plus grand qu'un droit ; et, au moyen de la règle, on verra si les côtés sont des droites régulières.

Au sujet des angles aigus et obtus, le maître fera remarquer à ses élèves qu'il n'y a qu'une |seule espèce d'angle droit, mais qu'il y a une multitude infinie d'angles aigus et obtus.

12. — On pourra par anticipation, et pour leur rendre cette proposition évidente, leur dire qu'on est convenu de diviser l'angle droit en quatre-vingt-dix parties ou en quatre-vingt-dix angles d'un *degré*; qu'ainsi on *entend* par angle de 15, de 16, de 18, etc., degrés, la réunion de 15, de 16, de 18, etc., angles d'un degré; que chaque degré est lui-même divisé en soixante parties appelées *minutes*, et la minute en soixante parties appelées *secondes;*

Que dans le système décimal l'angle droit a été divisé en cent parties nommées *grades*, ou en cent angles d'un grade; qu'ainsi l'on entend par angles de 15, de 20, de 30, etc., grades, la réunion de 15, de 20, de 30, etc., angles d'un grade; que chaque grade est lui-même divisé en cent *minutes décimales*, et la minute en cent *secondes décimales.*

On leur fera réduire des divisions nouvelles en divisions anciennes, et réciproquement.

Pour réduire les degrés en grades, on multiplie le nombre donné par dix, et on divise le produit par neuf; réciproquement, *pour réduire les grades en degrés, on multiplie par neuf, et on divise le produit par dix.*

Pour réduire les minutes anciennes en minutes décimales, il faut se servir du rapport composé $100 \times 100 : 90 \times 60$, *c'est-à-dire* $10000 : 5400$, *ou* $100 : 54$. En conséquence, *on multiplie par* 100 *et on divise le produit par* 54.

Réciproquement, *pour réduire les minutes décimales en minutes anciennes, il suffit de multiplier par* 54 *et de diviser le produit par* 100.

Pour réduire les secondes anciennes en secondes décimales, on se sert du rapport composé $100\times100\times100 : 90\times60\times60$ ou $1000000 : 324000$, *ou, en simplifiant* $1000 : 324$. En consequence, *il faut multiplier par* 1000 *et diviser le produit par* 324.

Réciproquement, *pour réduire les secondes décimales en secondes anciennes, il faut multiplier par* 324 *et diviser le produit par* 1000.

TABLE

POUR CONVERTIR LES DEGRÉS, MINUTES ET SECONDES ANCIENNES EN GRADES, MINUTES ET SECONDES DÉCIMALES, ET RÉCIPROQUEMENT.

Numéros.	Degrés en grades.	Minutes anciennes en grades.	Secondes anciennes en grades.	Grades en degrés.	Minutes décimales en degrés.	Secondes décimales en degrés
1	1,111111	0,018518	0,000308	0,90	0,009	0,00009
2	2,222222	0,037037	0,000617	1,80	0,018	0,00018
3	3,333333	0,055555	0,000926	2,70	0,027	0,00027
4	4,444444	0,074074	0,001234	3,60	0,036	0,00036
5	5,555555	0,092592	0,001543	4,50	0,045	0,00045
6	6,666666	0,111111	0,001852	5,40	0,054	0,00054
7	7,777777	0,129629	0,002160	6,30	0,063	0,00063
8	8,888888	0,148148	0,002469	7,20	0,072	0,00072
9	9,999999	0,166666	0,002777	8,10	0,081	0,00081
10	11,111111	0,185185	0,003086	9,00	0,090	0,00090

EXEMPLES DE RÉDUCTION.

Premier exemple.

Soit 49 degrés 27′ 43″ à réduire en grades, minutes et secondes décimales :

Pour 40 degrés................	44,44444
Pour 9 degrés................	9,999999
Pour 60 minutes..............	0,37037
Pour 7 minutes..............	0,129629
Pour 80 secondes.............	0,01234
Pour 3 secondes.............	0,000926
	54,957704

D'où l'on voit que 49 degrés 27′ 43″ valent 54 grades 95′ 77″.

(Le signe ′ remplace le mot minute, et le signe ″ le mot seconde.)

Deuxième exemple.

Soit 37 grades 67' 83" à réduire en degrés, minutes et secondes :

Pour 30 grades.................	27
Pour 7 grades.................	6,3
Pour 60 minutes...............	0,54
Pour 7 minutes...............	0,063
Pour 80 secondes..............	0,0072
Pour 3 secondes..............	0,00027
	33,91047

Ce qui donne 33 degrés et une fraction décimale.

Pour réduire la fraction décimale 0,91047 en minutes, il faut la multiplier par 60 et séparer cinq décimales au produit ; on trouve 54.62820 : les 54 entiers sont les minutes. Si l'on multiplie encore par 60 la fraction décimale restante 0.62820, en séparant cinq décimales au produit, on trouvera 37.69200 : les 37 entiers sont les secondes.

Mais comme les décimales qui suivent sont 692, il faut forcer l'unité en mettant 38 au lieu de 37, ce qui donne en dernier résultat 33 degrés 54' 38".

Pour vérifier l'opération, il suffit de réduire, dans le premier exemple, 54 grades 95' 77" en degrés, minutes et secondes, et l'on trouvera 49 degrés 27' 43".

De même si l'on réduit 33 degrés 54' 38" du second exemple en grades, minutes et secondes décimales, on retrouvera 37 grades 67' 83".

13. — Des lignes et des angles on passe aux *polygones*.

Un polygone est une figure plane terminée par des droites. Le plus simple des polygones est le *triangle*.

« On appelle *triangle* l'espace renfermé par trois droites qui se coupent deux à deux ; les droites s'appellent côtés. »

Tracer le triangle de la fig. 8. Pour tracer un triangle il suffit de renfermer un espace entre trois droites quelconques qui se coupent deux à deux.

La somme des trois angles d'un triangle vaut deux angles droits, c'est-à-dire 180 degrés. Il suit de là qu'un triangle ne peut avoir qu'un seul angle droit : car, s'il en avait deux, le troisième serait nul, ce qui est contraire à la définition du triangle. A plus forte raison il ne peut avoir qu'un seul angle obtus : car la somme de ces deux angles obtus serait plus grande que 180 degrés.

Ainsi, 1° ou les trois angles d'un triangle sont aigus; 2° ou un angle est droit et les deux autres sont aigus; 3° ou un angle est obtus et les deux autres sont aigus.

Le maître rendra cette proposition évidente aux yeux des élèves en ajoutant les trois angles de triangles rectangles, de triangles obtusangles et de triangles acutangles. Dans tous ces exemples, la somme des trois angles est toujours de 180 degrés.

La fig. 8 offre un exemple du cas où les trois angles sont aigus. Pour copier cette figure, l'élève tracera d'abord une horizontale, et ensuite construira à chaque extrémité un angle aigu semblable à celui du modèle : les côtés devront se couper en un point qui sera le sommet du triangle.

Vérification du triangle. On examinera à la règle si les côtés sont des droites régulières. Il n'est pas nécessaire que le triangle du tableau noir soit égal à celui du tableau-modèle; on peut le tracer beaucoup plus grand, puisqu'on a un grand espace.

14. — « On appelle *triangle équilatéral* celui dont les trois côtés sont égaux. »

Tracer un triangle équilatéral, fig. 9. — L'élève tracera d'abord une horizontale, et élèvera sur le milieu de cette droite une verticale; il cherchera sur cette verticale un point tel qu'en le joignant aux deux extrémités de l'horizontale, les trois côtés soient égaux.

Vérification du triangle équilatéral. On peut faire cette vérification par la mesure des côtés ou par celle des angles.

Mesure des côtés. On appliquera successivement le demi-mètre sur chacun des côtés; on en prendra la longueur en décimètres, centimètres et millimètres; s'ils sont parfaitement égaux, le triangle est équilatéral.

Mesure des angles. Pour mesurer l'ouverture des angles, on a recours à l'arc de cercle d'un rayon déterminé compris entre leurs côtés; cet arc de cercle, étant toujours proportionnel à l'écartement des côtés, peut servir à indiquer la grandeur d'un angle.

On mesure les arcs de cercle avec un instrument fort simple et fort utile qui se nomme *rapporteur.*

Le maître montrera à ses élèves un rapporteur en cuivre, en corne ou en bois, et leur en expliquera l'usage.

On mesurera au rapporteur les angles du triangle équilatéral tracé sur le tableau noir : chacun d'eux doit être de 60 degrés.

Les deux vérifications sont utiles; elles exercent les moniteurs, et les habituent à observer stimultanément les rapports des côtés et des angles.

15. — Le maître fera additionner les trois angles du triangle équilatéral. On trouvera

60 degrés.
60
60
———————
180 degrés.

16. — « On appelle *triangle isocèle* le triangle dont deux côtés sont égaux. »

Tracer un triangle isocèle, fig. 10. L'élève tracera d'abord une horizontale; il élèvera une verticale sur le milieu de cette droite, qui sera la base du triangle; prenant un point à volonté sur la verticale et le joignant aux deux extrémités de l'horizontale, le triangle isocèle sera construit.

Vérification du triangle isocèle. — *Mesure des côtés.* On vérifiera en décimètres, centimètres et millimètres, les deux côtés qui doivent être égaux.

Mesure des angles. Les angles opposés aux côtés égaux doivent être égaux ; on les mesurera au rapporteur.

17. — « On appelle *triangle rectangle* celui qui a un angle droit. »

Tracer un triangle rectangle, fig. 11. L'élève tracera d'abord une horizontale ; à l'une de ses extrémités il élèvera une verticale, et joindra par une droite les extrémités de l'horizontale et de la verticale.

Telle est la construction la plus simple. On pourra demander ensuite que l'angle droit soit opposé à la base ; quand on dessine sans instruments, cette construction est beaucoup plus difficile que la précédente.

Vérification du triangle rectangle. On vérifiera l'angle droit à l'équerre : s'il est exact, le triangle rectangle est bien tracé.

18. — Ici, il faudra recommencer les figures 8, 9, 10 et 11, avec des longueurs déterminées en décimètres, centimètres, et millimètres. J'engage les maîtres à suivre exactement cette marche ; elle seule peut conduire promptement les élèves à une grande exactitude de coup d'œil.

19. — « On appelle *quadrilatère* l'espace renfermé entre quatre droites qui se coupent deux à deux. »

Tracer un quadrilatère. (On n'a pas donné de figure pour le quadrilatère, attendu qu'il est susceptible de recevoir une multitude de formes différentes, et que l'élève aura satisfait à la question en renfermant un espace quelconque entre quatre droites qui se coupent deux à deux.)

L'élève tracera une droite ; à ses extrémités il mènera des obliques d'une inclinaison quelconque, et les joindra par une droite qui fermera l'espace.

Vérification du quadrilatère. La seule vérification consiste à examiner à la règle si les côtés sont des droites régulières, ce qu'il faut faire dans toutes les figures. Nous ne répèterons plus cette invitation.

20. — « On appelle *carré* le quadrilatère dont les angles sont droits et dont les côtés sont égaux. »

Tracer un carré, fig. 12. L'élève tracera une horizontale ;
à chacune des extrémités il élèvera une verticale d'une hauteur égale à la base, et joindra leurs extrémités supérieures
par une droite.

Vérification du carré. On mesurera les angles à l'équerre ;
ils doivent tous être droits. Les côtés doivent aussi être égaux :
on les mesurera au demi-mètre.

On pourra commencer par vérifier les côtés : s'ils sont égaux,
il suffit de mesurer à l'équerre un seul angle ; si cet angle est
droit, les autres le sont nécessairement aussi, et la figure est
un carré.

21. — « On appelle *parallélogramme* le quadrilatère dont
les côtés opposés sont égaux deux à deux, les angles n'étant
pas droits.

« Dans cette figure les côtés opposés sont parallèles.

« On nomme *parallèles* des droites qui, prolongées à l'infini, sont partout à égale distance, et ne peuvent jamais se
rencontrer ; on suppose les droites dans le même plan. »

Le *plan* est une surface telle que, si l'on y prend deux
points à volonté, et qu'on les joigne par une droite, la droite
se trouve tout entière dans le plan. Une glace bien polie donne
l'idée du plan : si vous y appliquez une règle bien juste, la
règle touchera la surface dans tous ses points.

Tracer un parallélogramme, fig. 13. L'élève tracera une
horizontale pour base ; à ses extrémités, il élèvera des obliques
de même inclinaison et de même longueur, et joindra leurs
extrémités supérieures par une droite.

Vérification du parallélogramme. On mesurera au demi-
mètre les côtés opposés : s'ils sont égaux deux à deux, la
figure est bien tracée.

On pourra mesurer aussi les angles à la base : si leur somme
est égale à deux droits, et si en même temps deux côtés opposés sont égaux, la figure sera un parallélogramme.

22. — « On appelle *losange* le quadrilatère dont deux des
angles sont aigus et deux obtus, et dont les côtés sont égaux. »

Tracer une losange, fig. 14. Même construction que la précédente, si ce n'est que les quatre côtés doivent être égaux.

Vérification de la losange. On mesurera les côtés au demi-mètre : s'ils sont égaux, la figure sera un losange, pourvu que les angles ne soient pas droits.

23. — « On appelle *rectangle* le quadrilatère dont les angles sont droits et dont les côtés opposés sont égaux.

« Si les quatre côtés étaient égaux, le rectangle deviendrait un carré. »

Tracer un rectangle, fig. 14. La construction est la même que pour le carré, excepté que les verticales ne doivent pas être de la même hauteur que la base.

Vérification du rectangle. On mesurera les angles à l'équerre ; ils doivent tous être droits. On mesurera ensuite au demi-mètre deux côtés opposés . s'ils sont égaux, les deux autres sont aussi égaux entre eux, et la figure est un rectangle.

24. — On recommencera les figures 12, 13, 14 et 15, avec des longueurs déterminées en décimètres, centimètres et millimètres.

Arrivés à ce point, les élèves qui, sur la définition du maître, ont pu tracer sans modèle les quinze premières figures, s'ils sont d'ailleurs un peu avancés en âge et en intelligence, devront se borner dorénavant à copier les figures de l'atlas, après l'explication préalable indiquée par les guillemets. Sans cette explication, les elèves, ne sachant ni ce qu'ils font, ni sur quels principes ont été dessinés les modèles qu'ils ont sous les yeux, manqueraient toutes les figures, et se dégoûteraient en peu de temps du dessin linéaire.

Les jeunes élèves se contentent, comme nous l'avons déjà dit, de copier les quinze premières figures sur le tableau.

A partir de la seizième figure, tous les élèves indistinctement copieront les modèles contenus dans les tableaux de l'atlas.

25. — « On appelle *polygones réguliers* les polygones dont les angles et les côtés sont égaux. Les polygones sont irréguliers quand ils ne remplissent pas ces deux conditions. »

Les polygones réguliers ont les noms suivants :

Polygone régulier à 3 côtés...... triangle équilatéral.
Polygone régulier à 4 côtés...... carré.
Polygone régulier à 5 côtés...... pentagone régulier.
Polygone régulier à 6 côtés...... hexagone régulier.
Polygone régulier à 7 côtés...... heptagone régulier.
Polygone régulier à 8 côtés...... octogone régulier.
Polygone régulier à 9 côtés...... ennéagone régulier.
Polygone régulier à 10 côtés...... décagone régulier.
Polygone régulier à 11 côtés...... endécagone régulier.
Polygone régulier à 12 côtés...... dodécagone régulier.

Dans le dessin linéaire on emploie très-rarement les polygones réguliers à **7**, à **9** et à **11** côtés.

Il est extrêmement difficile de tracer des polygones réguliers quand ils ne sont pas enveloppés d'une circonférence; cependant on a donné la forme régulière aux figures **16, 17** et **18**. Les élèves chercheront à les imiter le plus qu'il leur sera possible, mais il n'est pas indispensable que le dessin soit parfaitement exact : on pourrait rebuter les enfants si l'on faisait recommencer ces trois figures jusqu'à ce qu'elles fussent irréprochables.

26. — « On appelle *pentagone régulier* un polygone à cinq côtés dont les angles et les côtés sont égaux. »

Copier le pentagone régulier fig. **16**. L'élève tracera une horizontale; aux extrémités il tirera des obliques égales à la base, et fermera le polygone, dans lequel le sommet de l'angle supérieur doit correspondre exactement au milieu du côté opposé. La difficulté consiste à trouver à l'œil la véritable inclinaison des obliques : on peut, pour faciliter la construction, élever au milieu de la base une verticale sur laquelle se trouvera le sommet de l'angle supérieur.

Vérification du pentagone. On vérifiera les côtés au demi-mètre; ils doivent tous être égaux. Les angles seront vérifiés au rapporteur; ils devront être chacun de **108** degrés. Cette figure étant fort difficile à bien faire, il faudra doubler, en cas de réussite, les bons points ou les récompenses que comporte le mode d'enseignement suivi dans la classe.

27. — « On appelle *hexagone régulier* un polygone à six côtés dont les angles et les côtés sont égaux. »

Copier un hexagone régulier, fig. 17. Un hexagone régulier peut être divisé en six triangles *équilatéraux,* comme on le voit sur la fig. 17. On peut profiter de cette observation pour le dessin de la figure.

Vérification de l'hexagone. On vérifiera les côtés au demi-mètre ; ils doivent tous être égaux. On vérifiera les angles au rapporteur ; ils doivent être chacun de 120 degrés.

28. — « On appelle *octogones réguliers* un polygone à huit côtés dont les angles et les côtés sont égaux.

Copier l'octogone régulier fig. 18. L'élève tracera une verticale qu'il coupera en deux parties égales par une horizontale ; il divisera également chaque angle droit en deux parties égales, et mesurera à l'œil-huit distances égales sur les huit lignes qui viennent toutes aboutir au même point. Il ne restera plus qu'à unir par des droites les huit points indiqués : ces droites seront les huit côtés de l'octogone.

Vérification de l'octogone régulier. On mesurera les côtés au demi-mètre ; ils doivent être égaux. On vérifiera ensuite les angles ; chacun d'eux doit avoir 135 degrés.

Calcul de la valeur numérique des angles appartenant aux polygones réguliers. Nous avons dit plus haut que la somme des trois angles d'un triangle était égale à deux angles droits. Tout polygone peut être divisé en autant de triangles qu'il a de côtés moins deux. Le carré peut être divisé en 2 triangles ; en effet, il a 4 côtés ; si de 4 on retranche 2, il restera 2 triangles. Le pentagone peut être divisé en 3 triangles, c'est-à-dire en 5 moins 2, et ainsi de suite. Il sera nécessaire de diviser plusieurs polygones en triangles pour rendre cette vérité sensible aux yeux des élèves.

Puisque tout polygone peut être divisé en autant de trian-

gles qu'il a de côtés moins deux, et que la somme des angles
de chaque triangle est égale à deux angles droits, on en conclut
*que la somme des angles intérieurs d'un polygone est égale à
autant de fois deux droits, ou 180 degrés, que ce polygone a de
côtés moins deux.*

Si nous appliquons ce principe aux polygones réguliers et
à angles saillants, qui sont les seuls dont s'occupe le dessin
linéaire, parce que ce sont les seuls aussi qui servent dans les
arts industriels, nous tirerons cette règle : *Pour obtenir la valeur d'un angle intérieur d'un polygone régulier, on retranche
2 du nombre des côtés de ce polygone, on multiplie le reste par
180 degrés, et l'on divise le produit par le nombre des angles
du polygone.*

Supposons un pentagone régulier, et appliquons la règle.
De 5, nombre des côtés, je retranche 2, le reste est 3; multipliant 180 par 3, je trouve 540 degrés que je divise, par 5 ; le
quotient est 108, qui exprime la valeur numérique d'un des
angles du pentagone régulier.

Supposons un octogone régulier, et appliquons la règle. De
8, nombre des côtés, je retranche 2, le reste est 6; multipliant
180 par 6, je trouve 1080 degrés, que je divise par 8, le quotient est 135 degrés, qui exprime la valeur numérique d'un
des angles de l'octogone régulier. Pour éviter le calcul, nous
allons donner là valeur de chaque angle des douze premiers
polygones réguliers :

L'angle du triangle rectangle vaut............ 60 degrés.
L'angle du carré vaut........................ 90
L'angle du pentagone régulier vaut........... 108
L'angle de l'hexagone régulier vaut........... 120
L'angle de l'heptagone régulier vaut.......... 128
       (plus 34' 17" avec un reste.)
L'angle de l'octogone régulier vaut........... 135
L'angle de l'ennéagone régulier vaut.......... 140
L'angle du décagone régulier vaut............ 144
L'angle de l'endécagone régulier vaut......... 147
      (plus 16' 21" avec un reste.)
L'angle du dodécagone régulier vaut.......... 150

On voit, d'après cette table, que les angles vont toujours en augmentant; mais cette augmentation devient moins grande à mesure que l'on multiplie le nombre des côtés.

Prenons par exemple le polygone régulier à 64 côtés; en y appliquant la règle on trouvera 64 moins 2, ou 62 multiplié par 180, ce qui donne pour produit 11160. Ce nombre, divisé par 64, fournit pour quotient 174 degrés 22 minutes 30 secondes pour la valeur numérique d'un angle d'un polygone régulier à 64 côtés.

Si nous cherchons la valeur de l'angle du polygone régulier à 65 côtés, nous obtiendrons 174 degrés 27 minutes 41 secondes. On voit que ces deux angles ne diffèrent entre eux que de 5 minutes 11 secondes.

Plus nous multiplierons les côtés et plus la différence deviendra faible.

Si nous comparons les deux angles des polygones réguliers à 128 et à 129 côtés, nous trouvons pour la valeur numérique de l'angle du polygone à 128 côtés, 177 degrés 11 minutes 15 secondes, et pour la valeur numérique de l'angle du polygone à 129 côtés, 177 degrés 12 minutes 33 secondes; la différence est donc de 1 minute 18 secondes.

La limite du plus grand angle possible, en s'arrêtant aux secondes, est 179 degrés 59 minutes 59 secondes.

Nous sommes entrés dans quelques détails pour fournir l'occasion de s'exercer sur la recherche de la valeur numérique des angles des polygones réguliers, et en même temps pour faire comprendre aux élèves comment les angles augmentent à mesure que l'on multiplie les côtés.

29. — Jusqu'à présent nous n'avons eu à nous occuper que des figures tracées sur un plan; il nous reste à dessiner quelques solides, c'est-à-dire des corps ayant les trois dimensions : *longueur*, *largeur* et *hauteur*.

On appelle *pyramide* un corps terminé par plusieurs plans qui aboutissent à un point nommé sommet de la pyramide; la la base peut être ou triangulaire, ou quadrangulaire, ou pen-

tagonale, etc. : alors la pyramide elle-même est dite *trian-*
gulaire, ou *quadrangulaire*, ou *pentagonale*, etc. »

30. — Les dix-huit premières figures sont des surfaces.
Nous n'avons eu besoin pour les représenter que d'employer
des droites de la même grosseur.

Pour dessiner des corps, il est nécessaire de recourir à un
artifice qui remplace les ombres du dessin de la figure : cet
artifice consiste à marquer plus fortement certaines droites
que d'autres. Les lignes plus fortement indiquées sont appelées *lignes ombrées :* elles ont pour but de donner un peu de
saillie, un peu de relief aux corps représentés par le simple
trait. Nous supposons le jour venant de gauche à droite, et
éclairant les objets suivant une inclinaison de 45 degrés.

Copier la pyramide triangulaire fig. 19. L'élève tracera
le triangle de la base ; il marquera sur cette base un point où
il élèvera une verticale : cette verticale est la hauteur de la
pyramide, c'est la ligne BA dans la fig. 19 ; il ne reste plus
qu'à joindre l'extrémité supérieure A de la verticale avec les
trois angles du triangle, et la pyramide est dessinée. Ces lignes
de jonction se nomment *arêtes.*

On observera quelles sont les lignes ombrées qui forment
du relief dans la figure, et on les indiquera comme sur le
modèle. On demandera aux élèves de quel côté vient le jour,
et quelle partie de la figure il éclaire principalement : cette
remarque s'étend à tous les dessins qui représentent des corps ;
nous n'y reviendrons pas.

Vérification de la pyramide triangulaire. Voyez, au moyen
du fil à plomb, si la verticale est bien tracée et si toutes les
arêtes concourent au sommet.

31. — « On appelle *cube* un corps terminé par six carrés
égaux. Un dé à jouer est un cube. »

Copier le cube fig. 20. La base du cube est un carré, ainsi
que toutes les autres faces ; mais comme on le voit obliquement, le carré a la forme apparente d'un parallélogramme.

Si nous eussions voulu mettre le carré en perspective [1], il aurait eu la forme d'un quadrilatère.

L'élève tracera le parallélogramme qui sert de base, et élèvera une verticale au sommet de chaque angle, les verticales doivent être égales; on réunira les extrémités par des droites.

Vérification du cube. On vérifiera si la face extérieure est un carré parfait; il ne restera plus qu'à voir si le parallélogramme supérieure est égal au parallélogramme inférieur : ces deux vérifications sont déjà connues par les figures précédentes.

32. — « Un *prisme* est un corps dont les bases supérieure et inférieure sont des polygones égaux et parallèles, et dont les faces latérales sont des parallélogrammes. On appelle *prisme triangulaire droit* un corps formé de deux triangles opposés et égaux, dont les sommets sont réunis par des perpendiculaires à la base. »

Copier le prisme triangulaire droit de la fig. 21. L'élève tracera un triangle; à chaque angle il élèvera une verticale; les trois verticales doivent être de même hauteur : il ne s'agira plus que d'unir les extrémités par des droites, et le prisme sera construit.

Vérification du prisme triangulaire droit. On examinera à l'équerre si les verticales sont exactes, et l'on vérifiera les triangles opposés, qui doivent être égaux.

33. — « On appelle *prisme triangulaire oblique* un prisme triangulaire dont les arêtes sont obliques à la base. »

Copier un prisme triangulaire oblique, fig. 22. L'élève tracera le triangle de la base, et mènera à chaque sommet du triangle des obliques également inclinées : ces trois obliques

---

[1] La perspective est l'art de représenter les objets comme ils s'offrent à nos yeux : c'est une étude complétement distincte du dessin linéaire, et que nous croyons au-dessus de la portée des jeunes enfants.

Nous avons adopté pour nos dessins géométriques la *perspective cavalière*, qui n'offre aucune difficulté pour l'exécution.

doivent être aussi d'égale longueur. En réunissant leurs extrémités par des droites, le prisme sera construit.

Vérification du prisme triangulaire oblique. On s'assurera si les deux triangles opposés sont égaux. Il est important, dans cette figure et dans toutes celles qui représentent des corps, que les lignes aboutissant à un même point y arrivent avec précision. Nous recommandons cette exactitude, qui seule donne de la grâce au dessin.

34. — « On appelle *parallélipipède* un prisme dont les bases sont des parallélogrammes. Le *parallélipipède* est droit si les arêtes sont perpendiculaires à la base ; autrement on le nomme *parallélipipède oblique.* »

Copier le parallélipipède droit de la fig. 23. L'élève tracera le parallélogramme de la base, et à chacun des sommets des angles élèvera des verticales de même hauteur ; il joindra les extrémités par des droites, et la figure sera construite.

Vérification du parallélipipède droit. On vérifiera à l'équerre les verticales, et on constatera l'égalité des parallélogrammes opposés.

Nous n'avons pas donné le parallélipipède oblique, qui n'est que la répétition de la fig. 23. On peut en faire construire aux élèves : la vérification en est la même que pour le prisme triangulaire oblique.

35. — « On appelle *prisme à base pentagonale* le prisme dont la base est un pentagone. »

Copier un prisme droit à base pentagonale, fig. 24. L'élève tracera le pentagone de la base, et élèvera au sommet de chaque angle des verticales de même hauteur ; il formera le pentagone supérieur en joignant les extrémités des verticales deux à deux.

Les élèves pourront s'exercer à construire le même prisme à arêtes obliques.

36. — « On appelle *pyramide quadrangulaire* une pyramide dont la base est un quadrilatère. »

Copier la pyramide quadrangulaire fig. 25. Nous avons

placé les pyramides quadrangulaires et hexagonales à la suite des prismes, parce que nous avons toujours remarqué que les élèves avaient plus de difficulté à construire les pyramides. Il n'est pas aisé effectivement de faire concourir avec précision toutes les arêtes au sommet[1].

L'élève tracera la base, et élèvera sur le milieu de cette base une verticale représentant la hauteur ; il joindra l'extrémité de cette verticale, qui est le sommet de la pyramide, avec le sommet des angles de la base, et la pyramide sera dessinée.

Vérification de la pyramide quadrangulaire. On vérifie, au moyen du fil à plomb, l'exactitude de la verticale ; on vérifie au demi-mètre les côtés de la base, qui doivent être égaux deux à deux.

37. — « On appelle *pyramide pentagonale* celle qui a pour base un pentagone. »

Copier la pyramide pentagonale à base régulière fig. 26. L'élève tracera d'abord le pentagone de la base suivant le procédé de la fig. 16 ; il élèvera au milieu de la base du pentagone une verticale, et joindra l'extrémité de cette verticale aux sommets des angles de la base : ces obliques seront les arêtes de la pyramide.

Vérification de la pyramide pentagonale. On vérifiera la base comme dans la fig. 16, et on s'assurera, au moyen du fil à plomb, si la verticale est exacte.

38. — « On appelle *pyramide hexagonale* celle dont la base est un hexagone. »

Copier une pyramide hexagonale dont la base est un hexagone régulier, fig. 27. L'élève tracera l'hexagone de la base, comme dans la fig. 17 ; il élèvera une verticale au milieu de la base, et indiquera les arêtes.

Vérification de la pyramide hexagonale. Après avoir vé-

---

[1] J'ai préféré intervertir l'ordre apparent des figures, et suivre le plan méthodique que je me suis proposé.

rifié l'hexagone, comme dans la fig. 17, on s'assurera, au moyen du fil à plomb, si la verticale est exacte.

Il faudra examiner si les arêtes aboutissent exactement au sommet des angles. Cette précision est d'autant plus difficile à obtenir qu'il y a plus de côtés à la base.

CHAPITRE II.

DIVISION DES LIGNES ET DES FIGURES.

———

39. — Si les leçons précédentes ont été suivies régulièrement, et si les élèves n'ont passé à une nouvelle figure qu'après avoir copié le mieux qu'il leur a été possible celle qui venait avant, ils ont déjà le coup d'œil et la main exercés, ils peuvent commencer la division des lignes et des figures.

Ces exercices sont fort utiles; on fera bien de s'y arrêter quelque temps.

Mais comme ces divisions géométriques ont peu d'attrait, et qu'il faut surtout éviter de dégoûter les enfants, je conseille de continuer jusqu'au chapitre III, et arrivés là, de recommencer les fig. 28 et suivantes, jusqu'à la 38ᵉ inclusivement, en les entremêlant avec les figures du chapitre III.

40. — « On divise une droite en quatre parties égales en la divisant d'abord en deux parties égales; chacune des moitiés est partagée ensuite en deux nouvelles parties égales. »

Tracer une horizontale de 4 décimètres et la partager en quatre parties égales, fig. 28. L'élève tracera l'horizontale, qui sera vérifiée avant la division; il la partagera ensuite en quatre parties égales, conformément au procédé ci-dessus.

Vérification de la fig. 28. On vérifiera chaque division, qui doit être d'un décimètre. On demandera à l'élève combien un décimètre vaut de centimètres et de millimètres : il doit répondre que le décimètre équivaut à 10 centimètres ou à 100 millimètres. Lorsqu'on lui demande la valeur de l'horizontale en centimètres et millimètres, sa réponse doit être que la ligne totale équivaut à 40 centimètres ou à 400 millimètres.

Tracer une verticale de 4 décimètres et la partager en quatre parties égales, fig. 29. L'élève tracera la verticale, qui sera vérifiée comme dans le § 5, et il divisera d'abord en deux moitiés égales la ligne totale, puis chaque moitié en deux autres parties égales.

Vérification de la fig. 29. Chaque division, mesurée au demi-mètre, doit être d'un décimètre.

Cet exercice devra être répété sur des verticales de 8 décimètres, de 6 décimètres, etc. On s'assurera, au demi-mètre, si chaque quart est de deux décimètres dans le premier cas, de quinze centimètres dans le second. On verra bientôt que sur des longueurs un peu grandes les élèves se tromperont souvent. Ce ne sera pas tout à fait leur faute; il y a, dans cet exercice, une erreur d'optique dont voici l'explication.

41. — « L'œil ne peut être de niveau avec tous les points de la verticale : les parties qui se trouvent plus haut et plus bas que l'œil se présentent en raccourci, de telle sorte que, lorsqu'on divise une verticale sans le secours d'instrument, les divisions du milieu se trouvent plus petites que les divisions supérieures et inférieures. » L'expérience confirme ce résultat : en divisant de la même manière deux verticales, l'une de 8 décimètres, l'autre de 8 centimètres, l'erreur sur la dernière est presque nulle, mais sur la première elle est souvent très-sensible.

Le seul moyen à employer est de faire exhausser l'élève pour les divisions supérieures, et de le faire baisser pour les inférieures, de manière que le point de section soit constamment au niveau de son œil. Il est utile cependant de partager exactement une verticale d'une certaine étendue en plusieurs parties. Quand l'élève est prévenu, et qu'il connaît la cause de cette illusion, il peut l'éviter.

42. — *Tracer une oblique de droite à gauche, longue de 4, de 6 ou de 8 décimètres, et la diviser en quatre parties égales,* fig. 30. L'observation ci-dessus s'applique également aux obliques, surtout à celles qui se rapprochent de la verticale;

la cause de l'erreur cesse quand les obliques se rapprochent de l'horizontale.

Vérification de la fig. 50. On mesurera les divisions au demi-mètre : elles doivent être égales ; et, suivant que les obliques sont de 4, de 6 ou de 8 décimètres, elles seront de 1 décimètre ou 10 centimètres, de 15 centimètres, de 20 centimètres.

43. — *Tracer une oblique de gauche à droite, longue de 4, de 6 ou de 8 décimètres, et la diviser en quatre parties égales,* fig. 31. Même explication et même vérification que pour la figure précédente.

Ce n'est pas sans motif que je donne trois figures presque semblables. Pour surmonter les difficultés, en général, changeons la forme, afin d'éviter le dégoût, mais revenons souvent sur le même objet.

44. — *Tracer un angle droit et le partager en deux et en quatre parties égales,* fig. 32. L'élève dessine un angle droit, et le divise à l'œil en deux parties égales, en tirant une oblique qui part du sommet de l'angle ; il opère de même dans chacune des deux sections, ce qui lui donne les quatre parties demandées.

Vérification de la fig. 32. On vérifiera cette figure de deux manières :

Par les angles. Au moyen du rapporteur on devra trouver pour chaque quart de l'angle droit 22° 30'.

Par les côtés. A partir du sommet de l'angle on prendra sur l'horizontale, sur la verticale et sur l'oblique du milieu, trois distances égales en *a, c, b :* on vérifiera d'abord si *ca* égale *cb* ; il ne restera plus qu'à constater que les distances *ca* et *cb* sont divisées en deux parties égales.

45. — *Tracer un triangle équilatéral, et, du sommet, abaisser une perpendiculaire sur la base,* fig. 33. L'élève tracera le triangle équilatéral selon le procédé de la fig. 9; il marquera le milieu de la base, et joindra ce point au sommet par une droite qui sera la perpendiculaire demandée.

Vérification de la fig. 33. On vérifiera le triangle équilatéral comme dans la fig. 9, et on s'assurera à l'équerre si la ligne menée au milieu de la base est perpendiculaire.

46. — *Traser un triangle rectangle dont l'angle droit soit opposé à la base, et de cet angle droit abaisser une perpendiculaire sur l'hypoténuse* (On appelle *hypoténuse* le côté opposé à l'angle droit), fig. 34. L'élève tracera un triangle rectangle d'après le procédé indiqué par la fig. 11, et abaissera une verticale.

Vérification de la fig. 34. On s'assurera à l'équerre si l'angle opposé à la base est droit, et si la ligne abaissée est perpendiculaire. Cette ligne est verticale, puisque nous supposons l'hypoténuse horizontale.

47. — *Tracer un carré et le diviser en quatre carrés égaux*, fig. 35. L'élève divise en deux parties égales chacun des côtés, et réunit les points de division par des droites. Le carré total se trouve divisé en quatre carrés égaux.

Vérification de la fig. 35. On s'assurera au demi-mètre si les divisions des côtés sont égales.

48. — Il est utile de faire remarquer aux élèves qu'en divisant une droite en deux, en quatre, en huit, en seize parties, elle se trouvera réduite en fractions deux, quatre, huit et seize fois plus petites; qu'au contraire, en divisant en deux, en quatre, en huit et en seize parties, les côtés d'un carré que l'on joindra par des droites, le carré se trouve divisé en fractions quatre, seize, soixante-quatre et deux cent cinquante-six fois plus petites, ce qu'il ne faut pas manquer de confirmer par l'opération même, et de rendre ainsi palpable.

L'élève qui comprend le principe répondra que, si l'on divise les côtés d'un carré en douze, vingt-quatre parties, en joignant les points de division par des droites, le carré se trouvera divisé en douze fois douze, en vingt-quatre fois vingt-quatre parties. Cet exercice lui donnera une première notion de la théorie des carrés et de l'extraction des racines.

49. — *Dessiner le carré* fig. 36, *et chercher le côté du carré deux fois plus petit.*

Cette opération semble beaucoup plus compliquée que la précédente; je ne l'ai mise qu'à cause de son utilité dans la pratique. Souvent on a besoin, dans les arts, d'obtenir un carré d'une surface deux fois plus petite, et il est impossible d'en imaginer la construction si l'on ne connaît pas la géométrie.

L'élève tracera un carré suivant le procédé de la fig. 12; il mènera les obliques *ab, dc,* par les sommets des angles opposés. Ces obliques se nomment *diagonales;* elles se coupent toutes deux au point *o,* et les droites *ao, do, bo, co,* qui sont égales, satisfont toutes à la question, c'est-à-dire que, si l'on prend l'une d'elles pour côté d'un carré, ce carré sera la moitié du carré *adbc.*

Vérification de la fig. 36. On vérifiera le carré comme dans la fig. 12, et l'on montrera avec le demi-mètre que les divisions *ao, bo, co* et *do,* sont toutes égales. On fera construire le carré demandé sur un des côtés *ao, bo,* etc.

50. — *Tracer un carré et le doubler,* fig. 37. L'élève construira un carré, comme dans la figure précédente, et tirera une diagonale *ab,* fig. 37. Cette diagonale sera le côté du carré double demandé.

Vérification de la fig. 37. On vérifiera le carré comme dans la figure précédente, en examinant si la diagonale aboutit exactement au sommet des angles opposés.

Cette figure sert de contre-partie à la précédente, elle est également utile dans les arts. On fera construire le carré demandé à côté du carré donné.

51. — *Tracer un cube et le diviser en huit cubes égaux,* fig. 38. L'élève tracera un cube d'après les procédés indiqués pour la fig. 20. Il divisera chaque arète en deux parties égales, et réunira les points de division par des droites : le cube se trouve divisé en huit cubes égaux qu'il sera facile de reconnaître sur la figure.

Vérification de la fig. 58. On vérifiera d'abord le cube comme dans la fig. 20, et l'on s'assurera au demi-mètre si les arêtes sont divisées exactement en deux parties égales.

Il est beaucoup moins facile de rendre sensibles aux yeux des enfants les divisions partielles du cube que celles du carré. Le moyen le plus simple est de prendre une grosse pomme de terre, que l'on taillera comme un dé à jouer, ou cube; on divisera à l'encre chaque arête en deux parties égales, puis on opèrera la séparation avec un couteau bien tranchant; on obtiendra huit petits cubes égaux.

Si les élèves ont compris cette figure, on leur demandera en combien de parties un cube sera divisé, si l'on partage chaque arête en quatre, en huit, en seize parties égales, ils doivent répondre : En quatre fois quatre fois quatre, ou soixante-quatre cubes; en huit fois huit fois huit, ou cinq cent douze cubes; en seize fois seize fois seize, ou quatre mille quatre-vingt-seize cubes égaux entre eux.

52. — La pratique des arts exige la connaissance des mesures carrées et cubiques. Ce calcul offre quelques difficultés aux jeunes gens; et cependant l'expérience a montré qu'en suivant la marche indiquée ci-dessus, les élèves ne trouvent pas plus de peine à calculer les nombres carrés et cubiques que les nombres ordinaires.

Les subdivisions décimales métriques, seules employées aujourd'hui, sont très-simples et très-faciles à saisir.

Le mètre cube, c'est-à-dire le cube dont toutes les arêtes ont un mètre de longueur, se divise en décimètres, centimètres et millimètres cubes; mais il faut se rappeler que le mètre cube vaut 1000 décimètres cubes, 1000000 de centimètres cubes, 1000000000 de millimètres cubes. Par conséquent, il faut bien se garder de confondre le *décimètre cube* avec le *dixième du mètre cube :*

Un décimètre cube vaut 1000 centimètres cubes;

Un dixième de mètre cube vaut 100000 centimètres cubes;

Le dixième du mètre cube est donc 100 fois plus grand que le décimètre cube ;

Un centimètre cube vaut 1000 millimètres cubes ;

Un centième de mètre cube vaut 10000000 de millimètres cubes, le centième du mètre cube est donc 10000 fois plus grand que le centimètre cube [1].

---

[1] Voir, pour de plus grands détails, le *Système légal des poids et mesures*, par M. LAMOTTE. — Chez L. Hachette. 1 vol. in-18. Prix, 30 centimes.

CHAPITRE III.

APPLICATIONS DE LA LIGNE DROITE.

33. — « La fig. 39 représente des feuilles de l'ancien parquet encore en usage. Le parquet se fixe sur des *lambourdes* dont l'épaisseur varie suivant la dimension des pièces : cette épaisseur peut être de 4 jusqu'à 8 centimètres.

« Ce parquet, en chêne, de 3 centimètres d'épaisseur, posé de niveau, cloué, compris la fourniture et la pose des lambourdes [1] en chêne, de 4 centimètres d'épaisseur, coûte à Paris 16 fr. 40 c. le mètre carré [2]. »

Dessiner des feuilles de parquet, fig. 39. L'élève tracera d'abord un carré, qu'il divisera en quatre carrés égaux par une verticale et une horizontale; il formera son cadre, qui doit être simple autour et double dans l'intérieur ; il dessinera les traverses.

Cette figure est fort difficile à exécuter, si l'on exige une régularité parfaite : on peut donc se contenter d'un à *peu près*, surtout la première fois.

On commence par dessiner les triangles qui correspondent aux angles des carrés : ces seize triangles doivent être égaux. Le parallélisme des lignes guide beaucoup l'élève : il trace d'abord sa figure au crayon; et, quand il met à l'encre ou qu'il repasse au crayon, il a bien soin de remarquer que les traverses passent tantôt en dessus et tantôt en dessous.

---

[1] On appelle lambourdes les petites pièces de bois sur lesquelles on cloue le parquet. Quand les parquets sont placés au rez-de-chaussée, on remplit les intervalles des lambourde avec du mâchefer.

[2] Les prix que nous indiquerons dans le cours de cet ouvrage sont ceux des travaux des bâtiments de Paris. On peut les modifier selon les localités.

Vérification de la fig. 39. On vérifiera à l'équerre le carré total et les carrés partiels, et au demi-mètre les longueurs égales.

54. — « Le point de Hongrie est un genre de parquet propre, solide, et moins cher que le précédent. En chêne de 3 centimètres d'épaisseur, les frises d'égale largeur, coupées à onglet, posées de niveau, ce parquet, cloué et ragréé [1], compris fourniture et pose des lambourdes en bois de chêne de 4 centimètres, coûte 11 fr. 60 c. le mètre carré. »

Dessiner la fig. 40. L'élève tracera un rectangle d'après le procédé de la fig. 15, et un cadre environnant : il divisera le côté du rectangle en six partie égales, en indiquant cinq points de division sur la base ; il élèvera une verticale à chaque point de division, puis il dessinera les obliques.

On peut remarquer sur la fig. 40 que tous les onglets des frises se trouvent sur une même ligne horizontale : on profite de cette observation pour marquer le sommet de chaque angle et pour donner une grande régularité à son dessin.

L'espace entouré d'un cadre, que l'on voit au bas de la figure, est le foyer et l'âtre de la cheminée.

Vérification du point de Hongrie fig. 40. On vérifiera le rectangle à l'équerre, ainsi que toutes les verticales ; on mesurera les frises au demi-mètre : elles doivent être égales.

55. — « Les compartiments en carrelage ajoutent à la richesse des appartements ; on les emploie dans toutes les pièces de décor, dans les galeries, dans les antichambres et dans les salles à manger. Une observation importante à ce sujet est de choisir des espèces de marbre et de pierre d'une dureté à peu près semblable. Sans cela les carreaux s'usent inégalement, ce qui oblige à des réparations coûteuses.

« La fig. 41 représente un compartiment de rectangles en pierre de liais et de petits carreaux en pierre noire de Caen. »

Il est presque impossible de déterminer exactement la va-

---

[1] *Cloué* veut dire que l'ouvrier fournit les clous et les pose ; *ragréé* veut dire ajusté, repassé au rabot, en un mot, bien terminé.

leur de ce compartiment : elle dépend de la qualité des pierres.
Il coûte ordinairement de 11 à 14 fr. le mètre carré.

Dessiner la fig. 41. L'élève tracera un rectangle, et dans
le rectangle un cadre qu'on nomme *plate-bande*, et qui s'appuie
contre le mur : la plate-bande est carrelée en pierres blanches
carrées, de la même qualité que les pierres de liais. L'élève
dessinera les obliques, et terminera les petits carreaux, en
observant qu'ils doivent se trouver compris sur des verticales
à la base.

Vérification de la fig. 41. On s'assurera à l'équerre si tous
les angles de la plate-bande sont droits : si les carreaux noirs
sont également distants et placés sur les verticales à la base,
les rectangles sont nécessairement égaux et la figure est
exacte.

56. — « Les chambres à coucher, les cabinets, sont souvent carrelés en carreaux de terre cuite, à six pans, et enduits
d'une couleur jaune ou rouge; on place sur le plancher des
lattes qui reçoivent l'aire en plâtre. Pour que le carreau soit
bien posé de niveau, on répand sur l'aire des gravats de bati-
ments passés au sas, et sur ces gravats on dresse et on scelle
le carreau.

« Le carrelage en terre cuite coûte environ 3 fr. le mètre
carré. »

Dessiner la fig. 42. Cette figure servira de composition
pour les élèves : ceux qui pourront la tracer régulièrement
ont fait de grands progrès en dessin linéaire. Les difficultés
qu'ils rencontreront désormais dans le reste de l'ouvrage
exigeront du goût, tandis que jusqu'à présent l'exactitude
géométrique a suffi.

L'élève tracera son rectangle, et élèvera des verticales
pour ranger symétriquement les carreaux; il peut, afin de
rendre son travail plus facile, diviser le rectangle en carrés
égaux, et dessiner un carreau dans chaque petit carré.

Vérification de la fig. 42. On s'assurera à l'équerre si le
rectangle est exact et si les carreaux sont tous sur les verti-

cales : les carreaux doivent être de longueur et de hauteur égales.

57. — « La fig. 43 représente une cheminée :

« *ab* est la tablette ;

« *c* la traverse ;

« *d, d*, les jambages ;

« *e, e*, les socles.

Les cheminées s'exécutent aujourd'hui en pierre ou en marbre. Lorsqu'elles sont en pierre, on les peint en imitation de marbre précieux. Le plus ordinairement on se sert, pour les tablettes, les traverses et les jambages, de tranches de marbre. Ces revêtements s'exécutent au moyen d'agrafes en fer, sur des noyaux de pierre, de plâtre ou de briques.

Les cheminées plus riches sont composées de jambages de formes très-variées, terminées, par des griffes d'animaux : on emploie beaucoup moins les colonnes, les demi-colonnes et les pilastres, qui ont eu autrefois une grande vogue.

Au fond des cheminées on place des plaques de fonte qu'on fait régner quelquefois au pourtour intérieur de la cheminée. Les côtés de la cheminée peuvent être garnis de carreaux de faïence blanche et unie, dont il est facile d'entretenir la propreté, et qui renvoient la chaleur dans l'appartement avec plus d'énergie que les surfaces peintes en noir et même que les plaques de fonte. Devant les cheminées on place des foyers de marbre que l'on décore, pour les appartements riches, d'étoiles ou de rosaces formées de marbres de couleurs variées.

Les chambranles en marbre de Sainte-Anne, sans foyer, peuvent se compter à raison de 28 à 30 fr.; s'ils sont en marbre de Malplaquet, ils valent de 30 à 35 fr.

Les chambranles à jambages ornés, avec revêtement et foyer, valent de 120 à 150 fr. Si l'on prend des marbres de prix, les chambranles avec revêtement et foyer peuvent coûter de 300 fr. à 1200 fr.

Dessiner la fig. 43. Cette figure n'est pas difficile, et nous n'avons à recommander aux élèves que les doubles lignes, dont le parallélisme doit être le plus parfait qu'il sera possible.

Vérification de la fig. 43. On s'assurera à l'équerre si les jambages sont bien verticaux, et au demi-mètre s'ils sont de même hauteur. On vérifiera de même le rectangle qui forme l'ouverture de la cheminée, et les petits carrés et rectangles qui décorent la traverse et les jambages.

58. — « La fig. 44 représente une porte d'appartement :

« *a, a, a,* sont les panneaux à cadres ;

« *b, b,* sont les chambranles.

« Les portes en chêne de 4 centimètres, à cadres, à panneaux de 2 centimètres d'épaisseur, se comptent 14 francs le mètre carré.

« Les chambranles en chêne de 4 centimètres d'épaisseur, de 8 à 10 centimètres de largeur, se comptent au mètre courant, lequel se paye à raison de 1 fr. 80 c.

« Le mètre linéaire, le mètre courant ou le mètre de longueur, sont des expressions différentes employées pour exprimer le même objet. »

Les portes sont en chêne ou en sapin, blanchies au rabot des deux côtés, jointes, à rainure et languette. On appelle *rainure* un petit canal creusé en longueur dans l'épaisseur d'une planche pour y faire entrer la languette d'une autre planche. La *languette* est la partie mince d'une planche destinée à entrer dans une rainure.

Dessiner la fig. 44. On élèvera sur la base des verticales qui doivent déterminer les chambranles ; on divisera ensuite les verticales en trois parties pour placer les panneaux à cadre. Le panneau du bas est un carré : c'est par lui qu'il faut commencer ; on dessinera ensuite le panneau transversal, et enfin le panneau rectangulaire du haut. C'est entre ces deux panneaux que se place la serrure [1].

---

[1] Dans les premières figures nous avons dû guider l'élève dans les moindres détails ; maintenant il retrouve sous une autre forme les premières constructions géométriques, et nous ne devons plus que lui indiquer la marche à suivre.

Vérification de la fig. 44. On s'assurera, au moyen du fil à plomb, de l'exactitude de toutes les verticales, et, au demi-mètre, de l'égalité des parallèles formant les panneaux, et de leur équidistance (distance égale). Il faut que les moulures des panneaux et des chambranles soient ombrées conformément aux règles indiquées plus haut.

59. — La fig. 45 représente une croisée ordinaire.

« Les croisées du premier étage, dans les belles maisons, ont quatre carreaux sur la hauteur ; les étages supérieurs n'en ont que trois. Cependant cette règle n'est pas générale : elle dépend de la forme des bâtiments.

« Les croisées à deux vantaux, de 4 centimètres d'épaisseur, dormants de 5 centimètres sur 7, avec jet d'eau (c'est une traverse au bas des fenêtres pour écarter l'eau pluviale), se comptent au mètre courant, sans avoir égard à la largeur. Prix du mètre courant de hauteur, 9 fr.

« La ferrure d'une croisée ordinaire, y compris le dormant, 6 fiches à bouton, équerre de 19 centimètres, espagnolette et accessoires, se compte de 20 à 25 fr. »

Les croisées se font en bois de chêne : elles sont corroyées sur toutes les faces, assemblées à tenons et à mortaises. *Corroyer* signifie polir au rabot. Un *tenon* est le bout d'une pièce de bois qu'on enclave dans une *mortaise,* c'est-à-dire dans l'entaille faite dans l'épaisseur du bois pour y faire entrer un tenon. Les croisées se composent d'un double châssis : l'un est immobile et scellé dans le mur c'est le châssis dormant ; l'autre s'appelle le châssis mouvant.

Dessiner la fig. 45. L'élève, après avoir élevé les verticales et tracé l'ensemble de la fenêtre, dessinera les moulures, en ayant soin d'espacer également les carreaux.

Il est difficile, avec la craie, de tracer les moulures indiquées sur cette figure et sur la précédente par les petites parallèles. Dans le dessin sur le papier, on ne réussira même à rendre très-bien la finesse des lignes qu'au moyen du *tire-ligne,* instrument dont nous parlerons plus loin.

Vérification de la fig. 45. On s'assurera de l'exactitude des verticales à l'équerre et de l'égalité des carreaux au demi-mètre.

Le mètre carré de verre commun, posé et placé, avec fourniture de mastic et pointes, se compte 6 fr. 50 c.; le décimètre carré vaut 7 centimes.

Le mètre carré de verre double, premier choix, posé et placé, avec fourniture de mastic et pointes, se compte 9 fr. 20 c.; le décimètre carré vaut 9 centimes.

60. — Comble en charpente, fig. 46.

« Les combles sont une partie importante de la construction ; leur hauteur varie selon le climat : la pente doit être plus rapide dans le Nord, pour l'écoulement des eaux ; dans le Midi, elle diminue sensiblement ; en Italie et à Constantinople, la plupart des maisons sont terminées dans leur partie supérieure par des terrasses, où l'on va respirer l'air frais du soir. »

On ne doit pas donner aux combles plus d'un tiers ni moins d'un sixième de l'élévation.

Si l'édifice est très-large, ce qui obligerait à donner trop d'élévation au comble, on divise celui-ci en deux ou en trois combles, suivant la largeur ; on place entre ces combles un conduit pour les eaux ; on l'incline dans le sens où l'on veut les diriger pour les faire descendre soit dans les rues, soit dans les cours ou jardins.

« *a*, *a*, sont les arbalétriers ;

« *b* est le faîtage ;

« *c* c'est le poinçon qui sert à empêcher que l'entrait ne fléchisse ;

« *d*, *d*, sont les entraits dans lesquels s'assemblent les arbalétriers pour prévenir les écartements ;

« *e*, *e*, les contre-fiches qui servent à roidir les arbalétriers ; elles s'assemblent dans le poinçon ;

« *f*, *f*, sont les *aisselliers* destinés à fortifier l'entrait supérieur, qu'on nomme *entrait retroussé;*

« *h*, *h*, sont des pièces de bois nommées *pannes*, appuyées sur des tasseaux, et sur lesquelles se posent les *chevrons l, l*. Ces chevrons portent à leur extrémité supérieure sur le faîtage, et à leur extrémité inférieure sur une *plate-forme m, m*, appuyée sur le haut du mur. Pour adoucir la pente on ajoute les deux pièces de bois *n, n*, nommées *coyaux*. »

Nous engageons les maîtres à conduire leurs élèves dans le comble en charpente de la maison où ils se trouvent, et de leur répéter les dénominations des différentes pièces de charpente, qu'ils reconnaîtront facilement. Cette leçon, qui les amusera, se gravera alors très-profondément dans leur mémoire.

Dessiner le comble en charpente fig. 46. Sur la base on élèvera une verticale; à l'extrémité de la verticale se trouvera le faîtage; on dessinera ensuite les arbalétriers et les autres parties du comble.

On aura soin d'indiquer les mortaises avec des points ou avec un trait plus fin. La mortaise et le tenon sont ordinairement fixés solidement ensemble au moyen d'un ou de deux *boulons* ou chevilles de fer à tête ronde, et percés à leur extrémité pour y passer une *clavette :* il est facile de distinguer sur la figure les mortaises, les tenons et les boulons.

Vérification de la fig. 46. Il est essentiel que le faîtage soit d'aplomb sur la base et bien au milieu, ce qu'on vérifiera à l'équerre et au demi-mètre. On mesurera les arbalétriers, les contre-fiches, les chevrons et les aisselliers, qui doivent être égaux deux à deux.

61. — Combles en mansardes, fig. 47.

« Ces combles sont très-employés à Paris et dans toutes les grandes villes où les logements sont à un prix élevé, et les greniers moins nécessaires qu'à la campagne.

« L'espace *a* est disposé en appartements dits *mansardes*.

« Ce comble est brisé dans son arbalétrier, et en pente peu inclinée. »

On fera reconnaître aux élèves le nom des différentes pièces de charpente, qu'il suffira de comparer avec celles de la fig. 46.

Il est fort difficile d'indiquer les prix de charpente, qui dépendent de ceux du bois.

« Outre les combles en charpente, on en fait encore d'autres en menuiserie et en briques.

« Les combles en menuiserie, c'est-à-dire en charpente légère, ne chargent pas les bâtiments, et sont préférables, dans plusieurs occasions, à ceux en grosse charpente. On les attribue à Philibert Delorme, célèbre architecte.

« Les combles en briques sont légers, et ne sont pas exposés à l'incendie : il faut avoir la précaution de les relier avec des pièces de fer aux murs qui les soutiennent. »

Dessiner la fig. 47. On procèdera comme dans la figure précédente ; on élèvera une verticale, à l'extrémité de laquelle doit se trouver le faîtage : les deux parties de la figure sont *symétriques*, c'est-à-dire que, si l'on reployait une moitié sur l'autre, ces deux parties devraient se recouvrir parfaitement.

Vérification de la fig. 47. On s'assurera, au moyen de l'équerre, si les entraits sont bien parallèles, si la verticale qui passe par le faîtage, et qui détermine le poinçon, a été bien tracée ; on mesurera au demi-mètre la longueur des arbalétriers, des aisselliers, des contre-fiches, etc.

62. — *Pan de bois,* fig. 48.

Les pans de bois pour les faces de bâtiments se posent sur de petits murs de maçonnerie qu'on nomme *parpaings.* Sur ces murs sont appuyées les pièces de bois *b, b,* qu'on nomme *sablières,* dans lesquelles s'assemblent les *poteaux corniers c, c,* et les *poteaux d'huisserie d, d,* les *guettes i, i.* Au-dessus de la porte cochère se trouve la poutre *e,* qu'on nomme *poitrail.* Les poteaux d'huisserie *d, d,* qui laissent entre eux un écartement pour les portes ou les fenêtres, ont leur hauteur indiquée par une pièce de bois appelée *linteau, g.* La pièce *f,* qui indique la hauteur d'appui des croisées, se nomme *entretoise.*

Pour donner de la solidité aux pans de bois, on les relie (relier veut dire attacher) avec d'autres pans de bois en équerre et avec des *murs de refend*, c'est-à-dire qui partagent l'intérieur d'un bâtiment. On les consolide encore par les planchers, avec lesquels ils ne font qu'un tout, et on les attache fortement avec des pièces de fer, telles que *équerres, plates-bandes, étriers*.

Dessiner la fig. 48. Cette figure, que l'on peut diviser en deux parties symétriques, au moyen d'une verticale qui passera par le milieu du poitrail, ne présente aucune difficulté.

On tracera le rectangle de la porte cochère, puis de chaque côté les parpaings, les sablières et les poteaux ; on dessinera ensuite le premier étage, puis le second.

Vérification de la fig. 48. On vérifiera à l'équerre tous les angles droits, et on mesurera les poteaux et les étages au demi-mètre.

63. — *Plancher,* fig. 49.

« Les planchers, comme on le voit dans la fig. 49, se composent de plusieurs pièces de bois de différentes grosseurs. Les pièces a, a, sont des solives scellées dans les murs. Devant les croisées on place ordinairement des *linçoirs* b, b, dans lesquels les soliveaux (petites solives) viennent s'attacher. On évite, par ce moyen, de surcharger les murs. On place également un *chevêtre* c devant l'espace réservé pour construire la cheminée, et que l'on nomme *trémie* d, ainsi que devant d'autres espaces destinés à laisser passer les cheminées des autres étages, et que l'on nomme *coffres* e, e. »

Dessiner la fig. 49. On trace un rectangle, dans lequel on indiquera l'épaisseur des murs, représentés en architecture par le secours des hachures. On trace les deux solives, puis les soliveaux, en réservant la place pour la trémie et les deux coffres. On terminera par les chevêtres et les linçoirs.

Vérification de la fig. 49. Cette figure se vérifiera à l'équerre et au demi-mètre. Il suffit de voir si le rectangle est bien tracé et si les lignes sont parallèles.

64. — Nous ne donnerons pas de détails sur la charpente, qui est une partie compliquée de l'art de construire les bâtiments : ce serait fatiguer inutilement l'esprit des élèves de termes *techniques*. (Le mot technique signifie qui a rapport aux arts.) Ce n'est que par la pratique qu'on peut apprendre la valeur de ces termes.

65. — Dans la charpente on fait usage du chêne et du sapin ; quelquefois on emploie l'orme, le noyer, le hêtre, etc., etc. Mais le chêne et le sapin ont une supériorité incontestable.

Le *chêne* résiste parfaitement aux intempéries des saisons et à l'action de l'eau.

La grosseur de cette espèce d'arbre permet d'en tirer des poutres d'un équarrissage considérable. Aussi le chêne est-il regardé comme le meilleur de nos bois de construction. On le nomme vulgairement *le roi des bois*.

Le chêne, pour être d'un excellent usage, doit avoir plus de cent ans : s'il n'a pas cet âge, il se fend quelquefois d'un bout à l'autre. Le bois de charpente doit être coupé dans les mois de décembre, janvier et février, parce qu'il a moins de sève et d'humidité dans ces mois-là. Le chêne peut durer cinq cents ans, lorsqu'il est employé dans les bâtiments ; lorsqu'il sert pour pilotis, il peut durer douze cents ans.

Le *sapin* résiste moins que le chêne à l'action extérieure, mais il est plus léger et se conserve très-bien quand il est recouvert de plâtre.

66. — Dans la construction, il ne faut employer que des bois secs. Si le bois est vert, il se pourrit promptement. Si l'on est forcé de se servir de bois vert, il y a une précaution à prendre : c'est de le laisser quelque temps dans l'eau jusqu'à ce que la sève ait disparu.

On doit aussi enlever l'*aubier*. On appelle aubier la partie extérieure du bois qui n'a pas encore acquis de dureté.

Il faut rejeter le *bois noueux*, il est sujet à casser ; le *bois gélif*, qui est fendu par la gelée, et le *bois mort*, qui n'a pas de résistance.

67. — Carrelage de salle à manger, fig. 50.

« Ce carrelage se fait en carreaux octogones de marbre, et le plus souvent de pierre de liais, et en petits carreaux de pierre noire.

« Le mètre carré en carreaux de liais, de très-bonne qualité, de 26 à 32 centimètres, et en petits carreaux noirs, posé et bien confectionné, se compte à raison de 11 fr. »

Dessiner la fig. 50. Après avoir tracé un rectangle, on élèvera des verticales, et on disposera les horizontales de manière à diviser la figure en carrés égaux ; il ne restera plus qu'à tracer les petits carreaux.

Vérification de la fig. 50. Si le rectangle est exact, ainsi que les verticales, si les distances sont bien égales, ce qu'on vérifiera au demi-mètre, la figure est bien dessinée ; les petits carreaux doivent être égaux.

68. — *Treillage agreste*, fig. 51.

« On se sert de ce treillage pour entourer les gazons, les bassins, et même par application le long des murs des jardins.

« Quand on l'emploie en application le long des murs, on prend de petites lattes de bois, qui se disposent en mailles de 16 à 20 centimètres, et se payent à raison de 70 c. le mètre carré.

« Quand ils servent à entourer des gazons et des vergers, on emploie un bois brut revêtu de son écorce, mais souple, tel que le châtaignier : alors le mètre courant se paye 3 fr. 75 c. »

Dessiner la fig. 51. On remarquera que les angles des losanges se trouvent sur des lignes verticales et sur des lignes horizontales. On peut profiter de cette observation pour élever des verticales et tracer des horizontales : alors il ne restera plus qu'à joindre tous les points d'intersection par des droites.

Vérification de la fig. 51. Si l'élève a tracé des verticales, le moniteur mesurera au demi-mètre les distances de ces verticales, pour voir si elles sont égales ; il examinera également si les horizontales sont bien équidistantes. Si l'élève n'a pas suivi ce procédé dans les constructions de cette figure, le moniteur tracera les verticales et les horizontales au moyen de l'équerre et du demi-mètre : le reste de la vérification sera très-facile.

69. — La fig. 52 représente un guillochis.

« Cet ornement s'appelle *guillochis à bâtons rompus* ou *grecques;* il est employé dans la serrurerie riche ou dans la peinture en décors. »

Dessiner les guillochis de la fig. 52. Le dessin et la vérification sont très-simples, et n'exigent pas d'observations particulières : on élèvera des verticales, et dans chaque rectangle on dessinera le guillochis correspondant.

Vérification de la fig. 52. La distance entre toutes les parties doit être égale : c'est la régularité qui fait le principal mérite de cet ornement.

On vérifiera les distances au demi-mètre.

Les guillochis sont de plusieurs espèces ; nous n'en indiquons qu'une seule : elle suffit pour donner l'idée de cet ornement, que l'on peut simplifier ou compliquer selon l'usage auquel il est destiné.

DE LA LIGNE COURBE

ET PRINCIPALEMENT DU CERCLE.

CHAPITRE IV.

ÉLÉMENTS GÉOMÉTRIQUES.

70. — Les circonférences sont difficiles à tracer, nous avons dû, avant d'y arriver, faire dessiner aux élèves un grand nombre de figures, afin de les habituer à un peu de justesse dans le coup d'œil : les maîtres apprécieront ces motifs quand ils voudront faire tracer aux enfants la fig. 53 ; les plus adroits ne réussiront pas tout de suite, mais avec de la persévérance ils arriveront à décrire à la main une circonférence à peu près exacte.

71. — « On appelle *circonférence* une ligne courbe dont tous les points sont à une égale distance d'un point intérieur nommé *centre* ; l'espace renfermé par la circonférence est le *cercle*. Toute droite qui passe par le centre, et dont les extrémités aboutissent à la circonférence, s'appelle *diamètre* ; si ces droites ne vont que du centre à la circonférence, on les nomme *rayons*. Dans la fig. 53, la courbe ACBDE est la circonférence ; AB, CD, sont des diamètres ; OA, OC, OB, OD, OE, sont des rayons. »

Dessiner une circonférence, fig. 53. Pour ne pas décourager les élèves, ce qu'il faut éviter par tous les moyens imaginables, on leur permettra, les premières fois, de tracer une horizontale et une verticale qui se coupent au centre O : sur ces lignes ils prendront les distances égales OA, OC, OB et OD ; il ne restera plus qu'à tracer les courbes AC, CB, BD et DA.

Vérification du cercle, fig. 53. On se servira d'un compas de bois, dont une des pointes sera appliquée au centre O, tandis que l'autre s'écartera du point A pour tracer la courbe, et indiquera sur sa route les parties irrégulières de la circonférence.

On peut remplacer le compas par une corde, qui tient lieu de cet instrument : un nœud coulant, à l'unedes extrémités, contient le morceau de craie ; l'autre extrémité, qui doit être immobile, se place au centre du cercle. On fait tourner la partie mobile : alors, ou la trace blanche qu'elle laisse sur le tableau noir se confond avec celle qui est déjà empreinte, et dans ce cas le cercle est régulier, ou elle s'en écarte, et l'on distingue tout de suite l'erreur. Des moniteurs exercés tracent avec la corde une circonférence aussi régulière qu'avec le compas ; cependant il faut dire que le grand compas de bois est bien préférable pour le tableau noir. Nous avons indiqué l'autre moyen pour les écoles communales qui ne peuvent pas se procurer d'instruments.

72. — Pour tracer la fig. 53 sans le secours de l'horizontale et de la verticale, l'élève marque d'abord le centre ; puis, prenant une distance OE à volonté, au-dessous du centre et à gauche, il trace à main levée la circonférence, avançant de E en A, en C, en B et en D, de manière à rejoindre le point de départ E : son attention doit porter constamment sur la distance OE, qu'il faut tâcher de maintenir la même dans toute l'étendue de la courbe ; ensuite l'élève efface toutes les parties de circonférence qui lui paraissaient irrégulières, et les refait à la craie.

73. — Quand les circonférences tracées à volonté prendront une forme bien régulière, on augmentera la difficulté en déterminant la longueur du rayon en décimètres, centimètres et millimètres. Ainsi, l'on dira à l'élève : Tracez une circonférence dont le rayon soit de 125 millimètres, ce qui revient à 1 décimètre 2 centimètres et 5 millimètres.

Le tracé d'une circonférence réclame un exercice tout particulier de la main : ce n'est qu'avec le temps qu'on parviendra à donner à la courbe son exactitude géométrique.

74. — « Nous allons construire de nouveau quelques polygones réguliers avec le secours des circonférences : c'est le seul moyen de les dessiner exactement. »

Diviser une circonférence en huit parties, et y tracer un octogone régulier, fig. 54. L'élève tracera une circonférence, qui sera vérifiée au compas ou à la corde, et rectifiée, s'il y a lieu ; il tirera ensuite le diamètre horizontal CD et le diamètre vertical AB, ce qui divisera la circonférence en quatre parties égales : il ne restera plus qu'à partager les intervalles CA, AD, DB, BC, chacun en deux parties égales, par les obliques OF, OH, OE et OG. On réunira les points C, F, A, H, etc., par des droites : ces droites sont les côtés de l'octogone régulier.

Vérification de l'octogone. La vérification se fera, à la règle ou au rapporteur, comme nous l'avons déjà indiqué fig. 18.

75. — *Diviser une circonférence en trois parties égales, et y tracer un triangle équilatéral*, fig. 55. Quand la circonférence aura été tracée et vérifiée, on permettra à l'élève de tirer un diamètre horizontal et un diamètre vertical, BC et AD ; il divisera le rayon DO en deux parties égales, et mènera par le point de division une parallèle au diamètre BC : cette parallèle EF sera la base du triangle équilatéral dont le sommet A se trouve à l'extrémité du diamètre vertical.

Les traités de géométrie indiquent une autre marche pour la construction du triangle équilatéral. On construit d'abord un hexagone régulier, et on obtient le triangle équilatéral en réunissant les sommets des angles de deux en deux : l'hexagone se trouve facilement, puisque chacun de ces côtés est égal au rayon. Nous n'avons pas dû suivre ce procédé dans un ouvrage de dessin linéaire, où l'on trace les figures sans instruments. On trouvera une construction directe chap. XIV.

Vérification de la fig. 55. Cette vérification se fera, à la règle et au rapporteur, comme pour la fig. 9.

76. — *Diviser une circonférence en cinq parties égales, et y tracer un pentagone régulier*, fig. 56. Pour réussir dans cette division de la circonférence, beaucoup plus difficile que les précédentes, on tracera le diamètre horizontal et le diamètre vertical : du point A on mènera les obliques AB et AE à une certaine distance du diamètre horizontal CD ; on tracera ensuite FG de même longueur que AB et AE, et en joignant EF et BG on aura le pentagone régulier.

Nous n'indiquons pas la distance DB en fractions de la circonférence : l'élève ne pourrait pas en saisir le rapport. Comment apprécierait-il, en effet, un arc de cercle du vingtième de la circonférence ?

Vérification de la fig. 56. Même vérification que pour la fig. 16.

77. — Dans les fig. 54, 55 et 56, les polygones sont *inscrits* dans le cercle, et les cercles sont *circonscrits* aux polygones : ce qui veut dire, en langage ordinaire, que les polygones sont enveloppés par la circonférence, et que la circonférence enveloppe les polygones.

Les mots *cercle* et *circonférence*, que l'on confond quelquefois dans la pratique, ne sont pourtant pas équivalents : la circonférence est la ligne courbe dont tous les points sont à égale distance du centre, tandis que le cercle est l'espace enfermé par la circonférence.

Si les élèves réussissaient promptement dans le tracé des circonférences, on pourrait augmenter la difficulté en ne leur permettant plus de tirer les diamètres horizontaux et verticaux.

Dans le cas contraire, on passerait immédiatement aux figures suivantes.

78. — « On appelle *cercles tangents* deux ou plusieurs cercles qui se touchent en un seul point, nommé *point de contact*. »

Décrire deux cercles tangents, dont l'un ait un rayon double de l'autre, fig. 57. L'élève tracera une horizontale, qu'il divisera en trois parties égales : la première division déterminera le centre C du grand cercle, et la seconde le point de contact B; il ne s'agira plus que de diviser la troisième partie en deux, pour avoir le centre D du petit cercle. Les deux circonférences tracées des centres C et D remplissent les deux conditions prescrites : 1° elles sont tangentes, 2° l'une a un rayon double de l'autre.

Vérification de la fig. 57. On s'assurera, au demi-mètre, si la distance CB est bien double de celle BD; si les deux circonférences ne sont pas exactes, on les rectifiera à la corde : on observera qu'elles ne doivent se toucher qu'en un seul point.

Cette construction fournira l'occasion d'apprendre aux élèves qu'un rayon ou un diamètre double donne un cercle quatre fois plus grand, et non pas deux fois plus grand, comme on serait tenté de le croire; qu'un diamètre triple, quadruple, donnera un cercle neuf fois, seize fois plus grand, etc., etc.; en un mot, que *les cercles sont entre eux comme les carrés des diamètres ou des rayons.*

79. — « Un cercle est tangent à une droite quand il ne touche cette droite qu'en un point. »

Sur une horizontale décrire un cercle tangent à cette droite, et de 2 décimètres de rayon, fig. 58. L'élève prendra un point à volonté sur l'horizontale; il y élèvera une verticale de 2 décimètres, dont l'extrémité B sera le centre du cercle demandé.

Vérification de la fig. 58. On mesurera au demi-mètre la longueur de la verticale : elle doit avoir 2 décimètres de hauteur. On vérifiera au compas ou à la corde la circonférence, qui ne doit toucher l'horizontale qu'au point A.

80. — « On appelle *cercles concentriques* des cercles qui ont le même centre. »

Tracer trois cercles concentriques éloignés l'un de l'autre d'un décimètre, et dont le plus grand ait trois décimètres de rayon, fig. 59. Puisque le plus grand cercle doit avoir 3 décimètres de rayon, il aura 6 décimètres de diamètre ; l'élève tracera une horizontale de 6 décimètres, et il indiquera les six divisions. Le point O est le centre commun ; les rayons OC, OE et OA, sont les rayons des trois cercles concentriques qui satisfont aux conditions proposées.

Vérification de la fig. 59. On s'assurera au demi-mètre si les distances sont égales et toutes d'un décimètre, et au compas si les circonférences sont régulières.

81. — « Toute circonférence, grande ou petite, se divise en 360 degrés ; elle répond effectivement à quatre angles droits, comme on peut s'en convaincre par la seule inspection de la fig. 60 : chaque quart de circonférence ou angle droit se divise conséquemment en 90 degrés. Cette division suffit dans la pratique. Dans l'horlogerie, où l'on exige une grande précision, on divise chaque degré en 60' (minutes).

« On appelle *arc de cercle* une partie de la circonférence : ainsi, AB, AC et CB, sont des arcs de cercle, fig. 60. »

Dans la fig. 60, la demi-circonférence DAB est divisée en 180 degrés. L'angle droit DOA est de 90 degrés. L'autre moitié DEB de la circonférence est divisée en 200 grades. *Voyez* § 12.

82. — *Déterminer sur la circonférence un arc de 45 degrés,* fig. 60. L'élève tracera un cercle, et le divisera en quatre parties par une horizontale et une verticale ; il déterminera le milieu C du quart de circonférence AB, et il aura deux arcs, AC et CB, qui satisfont également à la condition requise : en effet, l'arc B, étant un quart de circonférence appelé *quadrant,* vaut 90 degrés, dont la moitié est 45 degrés.

Vérification de la fig. 60. On mènera le rayon CO ; appliquant au point O le centre du rapporteur, on verra si l'angle COB est réellement de 45 degrés. On fera déterminer ensuite, sur une circonférence donnée, des arcs de 20, 30, 40, 25, 35, 45 degrés. On les vérifiera avec le rapporteur, placé au centre, comme ci-dessus.

83. — *Étant donné un arc de cercle* AB, *en déterminer le centre, et tracer la circonférence à laquelle il appartient,* fig. 61. Cet exercice demande de l'habitude; il est difficile, mais aussi il donne du coup d'œil et de l'attention aux élèves.

Vérification de la fig. 61. On placera le compas sur le centre indiqué par l'élève, et l'on verra avec le compas de bois, ou avec la corde, si l'arc de cercle y correspond réellement. Pour trouver le centre véritable et décrire le cercle entier, on peut recourir au tâtonnement, ou au procédé géométrique que nous donnerons chapitre XIV.

84. — « [1] Soient A et B (fig. 62) deux points fixes auxquels on attachera les deux bouts d'un fil ACB, flexible mais inextensible, et plus long que l'intervalle AB. Si l'on tend ce fil à l'aide d'une pointe très-fine, ses deux parties formeront à volonté, soit le triangle ACB, dans lequel AC et CB sont égaux, soit des triangles AHB, AEB, etc., dans lesquels les côtés AH, HB, AE, EB, etc., seront de plus en plus inégaux, à mesure que la pointe se rapprochera de N ou de M.

« Si l'on passe de la droite à la gauche de la ligne AB, la pointe C, en se déplaçant, fera naître une série de triangles, respectivement semblables aux premiers. Dans les uns comme dans les autres, la somme des distances du sommet de chaque triangle aux deux points fixes A et B sera toujours la même, car cette somme forme la longueur totale du fil.

« Parmi toutes les positions que la pointe peut prendre, il en est deux qui méritent une mention spéciale; je veux parler des cas où les triangles formés par la base AB et les deux portions tendues du fil deviennent de véritables lignes droites, c'est-à-dire des deux cas où, dans son mouvement, la pointe vient se placer soit en L, soit en M, sur le prolongement de la ligne AB. Supposons premièrement le point en L. Le fil

---

[1] Les notions sur l'ellipse étant assez compliquées, nous avons emprunté à M. Arago ce paragraphe, qui nous a paru d'une clarté et d'une simplicité remarquables. C'est un extrait de la note scientifique sur les comètes, insérée dans l'*Annuaire du Bureau des longitudes de* 1832.

s'étendra d'abord de B en L ; là il contournera la pointe pour descendre dans la même direction de L en A. Ainsi entre A et L il y a deux portions de fil confondues, reployées l'une sur l'autre : donc la distance BL est égale à la longueur totale du fil, diminuée de la portion reployée, c'est-à-dire de la quantité AL. Quand la pointe se trouve en M, les circonstances seront toutes semblables. De A en M, la distance sera de même égale à la longueur du fil diminuée de MB ; mais MB ne peut être différent de AL, puisque tout doit être semblable de haut en bas. Donc si à la distance BL, qui était moindre que la longueur totale du fil de la seule quantité AL, nous ajoutons soit AL, soit son égal BM, nous aurons comblé la différence : ainsi AL ajouté à BL, c'est-à-dire ML, ou bien encore la distance des positions extrêmes de la pointe située sur la ligne AB, est égale à la longueur totale du fil.

« Les géomètres appellent la courbe que la pointe C engendre dans son mouvement une *ellipse;* les artistes la désignent vulgairement sous le nom d'*ovale*. Ils la tracent habituellement avec un fil, et suivent le procédé que je viens de décrire. Cette courbe est allongée dans la direction de la droite qui joint les points A et B.

« Les points A et B se nomment les *foyers* de l'ellipse ; la ligne LM est le *grand axe*.

« Les points M et L, où le grand axe rencontre la courbe, se nomment les *sommets*.

« Les intervalles AL et BM compris entre les foyers et les sommets s'appellent les *distances focales*.

« Si ces explications sont bien comprises, on voit que l'ellipse est un cercle aplati sur un sens, et qu'il y a un nombre infini d'ellipses, suivant l'inégalité plus ou moins grande des axes. Si l'on suppose un instant l'égalité des axes, l'ellipse se transforme en cercle. »

Dessiner l'ellipse fig. 62. Pour dessiner cette courbe, qui est d'un grand usage dans les arts, l'élève tracera les deux axes CD, LM ; commençant du point L en allant de L en H et de H en C, il imitera fidèlement son modèle : la portion de l'ellipse au-dessous de LM doit être parfaitement égale à la portion qui est au-dessus.

Vérification de la fig. 62. On prendra le demi-mètre; on y marquera à la craie les deux longueurs CO et LO; à partir de la même extrémité, on appliquera le demi-mètre sur la figure, de telle sorte que la marque de craie la plus éloignée soit sur le plus petit axe, la plus rapprochée étant sur le plus grand. Dans cette position, l'extrémité du demi-mètre doit être nécessairement sur la courbe. Il faudra varier la position du demi-mètre et des deux marques de craie, qui doivent coïncider simultanément avec les deux axes.

On aura de cette manière autant de points de vérification qu'on aura varié de fois la position du demi-mètre. Si l'extrémité du demi-mètre est toujours confondue avec la courbe, l'ellipse est bien tracée; autrement on rectifiera les erreurs. On doit éviter avec soin les jarrets (on appelle ainsi les endroits où la courbe est brisée et cesse d'être régulière).

Nous indiquerons au chap. XIV deux constructions géométriques de l'ellipse.

On donnera des axes variés de longueur et déterminés en décimètres, centimètres et millimètres, de manière que les élèves, en s'exerçant à cette construction difficile, se forment le goût et jugent d'eux-mêmes la proportion qui doit exister entre le grand et le petit axe pour que l'ellipse ait toute la grâce désirable. En effet, si les deux axes sont presque égaux, l'ellipse ressemble à un cercle manqué; si, au contraire, il y a trop d'inégalité entre les axes, l'ellipse est trop allongée et elle est dépourvue de grâce.

85. — « On appelle *cône* un corps produit par la révolution d'un triangle rectangle autour d'un des côtés de l'angle droit, qui reste immobile. L'hypoténuse du triangle rectangle décrit la surface du cône. Un pain de sucre donne l'idée d'un cône. »

Dessiner le cône fig. 63. L'élève trace une ellipse qui représente la *base du cône;* au point O, intersection des deux axes, il élève une verticale, qui est la *hauteur du cône;* son extrémité A est le *sommet du cône.* Il joint le point A aux points B et C, extrémités du grand axe, et le cône est dessiné.

Vérification du cône. On vérifiera l'ellipse comme ci-dessus, et on s'assurera à l'équerre si la verticale est bien d'aplomb sur la base.

86. — « On appelle *cône tronqué* un cône dont on a retranché la partie supérieure, comme dans la fig. 64. »

L'élève dessinera un cône comme dans la figure précédente, et coupera la partie supérieure par une ellipse parallèle à la base.

87. — « On appelle *cylindre* un corps produit par la révolution d'un rectangle autour d'un des côtés, qui reste immobile ; le côté opposé décrit la surface du cylindre. Les conduits d'eau et les tuyaux de poêle sont des cylindres.

« Le cylindre est droit si les côtés sont des perpendiculaires sur la base ; le cylindre est oblique si ces mêmes côtés sont des obliques. »

Dessiner un cylindre droit, fig. 65. L'élève tracera une ellipse, qui sera la base inférieure du cylindre ; au point d'intersection des deux axes, ainsi qu'aux deux extrémités du grand axe, il élèvera des verticales ; il terminera la partie supérieure de la figure par une ellipse égale à la première.

Vérification du cylindre droit. Si les deux ellipses sont égales, et si les verticales sont de même hauteur, la figure est un cylindre droit : on s'assurera par les procédés déjà connus si ces deux conditions sont remplies.

88. — *Dessiner le cylindre oblique* fig. 66. Dans la figure précédente, les côtés étaient perpendiculaires sur la base ; ici, au contraire, ils sont obliques. On construira, comme dans la fig. 64, l'ellipse de la base, et, au lieu d'élever des verticales, on mènera des obliques de gauche à droite égale-

ment espacées; la partie supérieure sera terminée par une ellipse égale et parallèle à l'ellipse de la base.

La vérification se fera comme dans la figure précédente, c'est-à-dire qu'on s'assurera si les deux ellipses sont égales et si les côtés du cylindre sont de même longueur.

89. — *Dessiner la* fig. 67. Entre deux points donnés, A et B, faire passer trois arcs de cercle et en faire trouver les centres.

L'élève tracera successivement trois arcs de cercle, qui doivent couper les points A et B.

Vérification de la fig. 67. Pour rendre la vérification plus facile, il est nécessaire de savoir que les centres doivent se trouver sur une même droite. On tirera donc une horizontale à distance égale de A et de B, et on cherchera par le tâtonnement la place de chaque centre.

Avec une corde on trouve aisément les centres; il ne faut qu'un peu d'habitude pour réussir. On doit faire remarquer, que plus l'arc est concave, moins son centre est éloigné.

Cette figure n'est qu'un exercice préliminaire pour dessiner une sphère.

90. — « *La sphère* est un solide terminé par une surface courbe dont tous les points sont également distants d'un point intérieur qu'on nomme *centre*. Une boule parfaitement ronde est une sphère. La terre, sur la surface de laquelle nous habitons, est une sphère, ou plutôt un *sphéroïde* un peu aplati aux deux points qui restent immobiles dans son mouvement de rotation : on les appelle *pôles*.

« La terre tourne autour du soleil. Elle a deux mouvements, un de rotation sur son axe, qui se fait en 24 heures, et qui amène le retour successif des jours et des nuits; un second autour du soleil, qui s'opère en 365 jours 5^h 48′ 51″, espace de temps qu'on appelle *année astronomique,* pour la distinguer de l'*année civile,* qui est de 365 ou de 366 jours. C'est à ce dernier mouvement que sont dus les changements de saisons.

« Les grands cercles de la sphère sont ceux qui passent

par le centre ; les petits cercles sont ceux qui n'y passent pas [1].

« Les cercles, grands et petits, que l'on trace sur la surface d'une sphère, fournissent les moyens de trouver la position exacte des lieux sur la terre.

« Le nombre des cercles est indéterminé : on peut, selon la grandeur de la sphère, en tracer un nombre plus ou moins grand. Nous en avons indiqué quelques-uns, sans avoir eu l'intention d'adopter une des projections employées habituellement dans la construction des cartes nommées *mappemondes*.

Sur les mappemondes les méridiens sont tracés de 15 degrés en 15 degrés, et souvent de 10 en 10.

« Les petits cercles sont appelés *parallèles*, parce que sur les globes de carton ils sont effectivement parallèles à l'équateur. Mais sur les mappemondes ils prennent une forme courbe qui les rapproche et les éloigne inégalement de l'équateur.

« Les grands cercles de la fig. 69 sont des *méridiens*, ainsi nommés parce qu'il est midi pour les lieux qui se trouvent sous l'un de ces méridiens quand le soleil arrive dans le plan de ce cercle. »

Dessiner la fig. 68, qui représente une sphère avec ses petits cercles ou parallèles. — L'élève, après avoir dessiné la circonférence, qui sera rectifiée tout de suite, tracera une horizontale, qui, dans la fig. 68, représente *l'équateur terrestre*. L'équateur est un grand cercle à égale distance des pôles. Ce cercle est représenté sur les fig. 68 et 70 par une ligne droite : telle est la projection de l'équateur, comme il est facile de s'en convaincre en regardant une sphère en car-

---

[1] Il aurait été naturel d'expliquer ici la latitude et la longitude sur les fig. 67 et 68 ; mais nous avons pensé que ce serait trop nous éloigner de notre sujet. Les maîtres suppléeront à notre silence s'ils le jugent convenable. Ils peuvent consulter sur cette question la *Géographie enseignée par le dessin*. Nous avons donné dans cet ouvrage des détails très-complets sur la latitude et la longitude.

ton dans la position de la fig. 70, pourvu que l'œil du spectateur soit dans le plan de ce cercle.

L'élève dessinera ensuite successivement tous les autres arcs qui représentent les parallèles.

Vérification de la fig. **68.** — On s'assurera si l'horizontale est régulière. Pour vérifier les arcs, on fera bien de tracer une verticale qui passera par le centre de la sphère, et sur laquelle devront se trouver les centres des cercles auxquels appartiennent les différents arcs. La corde, comme nous l'avons dit ci-dessus, convient beaucoup plus dans la vérification de cette figure que le compas, qui ne serait pas assez grand pour tracer les arcs le plus rapprochés de l'équateur.

91. — *Dessiner la* fig. **69.** C'est une sphère avec ses grands cercles ou méridiens. L'élève dessinera une circonférence qui sera vérifiée et rectifiée avant d'aller plus loin; il tracera ensuite une verticale, et successivement tous les arcs qui se trouvent à droite et à gauche de la verticale, et qui sont égaux deux à deux.

Vérification de la fig. **69.** On tirera une horizontale indéterminée passant par le centre de la sphère : c'est sur cette droite que se trouvent les centres des différents arcs. Quand on a trouvé celui du premier arc à gauche, on connaît celui du premier arc à droite; il ne s'agit que de mesurer la distance de ce centre à la verticale, et de prendre cette même distance dans le sens opposé. On n'a donc effectivement que quatre centres à chercher.

92. — *Dessiner une sphère*, fig. **70.** On voit que cette figure n'est que la réunion des deux précédentes : il ne s'agit donc que de copier la fig. 68, et de tracer ensuite les méridiens de la fig. 69. La vérification sera absolument la même que ci-dessus. Nous n'avons pas cru devoir donner de plus grands détails sur la sphère dans un ouvrage uniquement consacré au dessin.

Les quatre figures suivantes ne sont que de simples traits, quoiqu'elles se rapportent à l'ornement, dont nous nous occuperons spécialement dans le chapitre VIII. Elles sont d'une exécution très-facile, et ont l'avantage d'exercer encore les élèves au tracé des circonférences ; elles servent d'éléments à des figures d'ornement que nous verrons plus tard.

93. — *Dessiner la* fig. 71. Cette figure représente le profil d'une ogive de croisée.

Les *ogives* de voûte sont les arceaux qui passent au dedans d'une voûte, d'un arc à l'autre ; l'écartement des côtés est beaucoup plus considérable alors que dans la fig. 71. On en voit dans presque toutes les églises.

Les *arceaux* sont les arcs des voûtes. On appelle encore arceaux des ornements de sculpture dont le contour est en forme de *trèfle*.

L'ogive appartient à ce qu'on nomme le genre gothique, architecture des Goths, anciens peuples du Nord qui habitèrent longtemps l'Italie.

La mode, qui ne connaît d'autre loi que ses caprices, après avoir introduit en France, depuis quarante ans environ, le style grec et ses formes sévères, dans la construction des temples, des palais et des bâtiments, et jusque dans la forme des meubles, des parures et des ajustements, semble aujourd'hui remettre en faveur le style gothique, modifié par les *mauresques* et les *arabesques*, ornements adoptés pendant le séjour des Maures et des Arabes en Espagne, dans la belle province de Grenade.

Les mauresques et les arabesques représentent des feuillages, et d'autres ornements de pure imagination, qui ne sont pas copiés sur la nature.

Nous ne voulons pas attaquer les arabesques ; nous reconnaissons, au contraire, dans ce genre d'ornements, une légèreté et une délicatesse qui ont beaucoup de charmes : ce que nous blâmons, c'est l'abus qu'on a fait depuis quelques années d'ornements de mauvais goût.

Cette tendance à l'extraordinaire, au bizarre, qui se fait remarquer dans le dessin comme dans les autres arts, cette fougue d'imaginations capricieuses et fantasques, impatientes d'un travail sérieux, n'obtiendront pas un succès durable, et l'on reviendra naturellement aux belles formes. Dans un ouvrage consacré à la jeunesse, nous nous sommes fait un devoir de former son goût, en ne lui offrant que des modèles susceptibles de développer en elle l'amour du beau.

Vérification de la fig. 71. On cherchera le centre des deux arcs de cercle qui doivent être décrits du même rayon.

94. — *Dessiner la* fig. 72. Cette figure est une rosace géométrique ornée de six feuilles régulières.

L'élève divisera la circonférence en six parties égales par le procédé de la figure 55 ; ou bien il portera, par la pensée, six fois le rayon sur la circonférence : c'est une mesure exacte, comme nous l'avons déjà remarqué. Il ne s'agira plus que de tracer les arcs de cercle, en faisant observer que le centre des arcs se trouve aux six divisions de la circonférence.

Vérification de la fig. 72. Quand le cercle sera vérifié, on portera le rayon six fois sur la circonférence, ce qui ramènera au point de départ; ensuite, prenant pour centre chacune des six divisions de la circonférence, on tracera, avec le rayon du cercle, des arcs qui doivent coïncider avec ceux qui ont été dessinés par l'élève. Si cette coïncidence a lieu, la circonférence est bien divisée; dans le cas contraire, on rectifiera les courbes.

95. — *Dessiner la* fig. 73. C'est une rosace géométrique à feuilles superposées.

Après avoir fait la construction précédente, l'élève divisera également l'espace entre les six feuilles, et tracera les six nouvelles feuilles, qui ne paraissent qu'à moitié, le reste étant supposé couvert par les premières.

Vérification de la fig. 73. Même moyen de vérification que dans les figures précédentes, pour les six feuilles complètement apparentes. On s'assurera si l'espace entre les six feuilles est bien divisé en deux parties égales; de chacune de ces nouvelles sections, avec un rayon égal à celui du cercle, on tra-

cera des arcs jusqu'à la rencontre des premiers ; si la coïncidence n'existe pas, on rectifiera les courbes irrégulières.

96. — *Dessiner la* fig. 74. C'est une rosace géométrique
ou étoile à six pointes. Pour faciliter la construction de cette
rosace, d'une forme gracieuse, l'élève se rappellera que la
circonférence est divisée en six parties égales, et qu'au lieu de
tirer un rayon on trace un arc de cercle, dont le centre se
trouve à la division suivante de la circonférence. Il tracera
donc d'abord les six arcs de cercle qui doivent se raccorder
deux à deux ; ensuite il tracera les six autres arcs de cercle
égaux et opposés aux parties de la circonférence telles que **AB**.

Vérification de la fig. 74. On vérifiera cette étoile avec le
grand compas de bois. On s'assurera d'abord que la circonférence est divisée en six parties égales, en plaçant la pointe sur
chacune des divisions égales de la circonférence. L'on décrira
les six arcs de cercle qui passent par le centre et qui se rac-
cordent ; ensuite, avec un rayon égal à **OA**, et des points **A** et **B**,
on décrira deux arcs de cercle qui se couperont en un point qui
servira de centre pour décrire l'arc **ACB**. Le même moyen
servira à corriger les autres arcs de cercle.

COMBINAISON

DE LA LIGNE DROITE ET DE LA LIGNE COURBE.

CHAPITRE V.

MOULURES.

---

97. — On appelle *moulures* des parties saillantes qui servent à orner les travaux d'architecture.

Les moulures sont *carrées,* ou *rondes,* ou *mixtes.*

Parmi les moulures carrées on distingue :

Le *filet :* c'est une moulure étroite, dont la saillie égale la hauteur.

Le *listel* est une petite moulure carrée et unie qui couronne ou qui accompagne une moulure plus grande : il est le double du filet. Le listel en menuiserie est appele *mouchette.*

Le *réglet* est une petite moulure plate qui sert à séparer les divers profils d'une moulure : cette moulure a pris son nom de sa ressemblance à une petite règle.

La *plate-bande :* c'est une moulure large et peu saillante ; de là lui est venu son nom.

Le *larmier* est une moulure large et saillante qui est creusée en dessous. L'eau s'y réunit, et ne pouvant remonter dans la cavité, elle est forcée de tomber en gouttes ou larmes à quelque distance des murs de l'édifice.

Il y a un assez grand nombre de moulures rondes.

Les principales sont :

Le *quart-de-rond* : c'est une moulure dont le profil décrit un quart de cercle ; sa saillie est égale à sa hauteur.

La *baguette* est une petite moulure saillante terminée par un demi-cercle ; sa saillie est égale à la moitié de sa hauteur.

Le *tore* est une moulure plus large que la baguette, dont la saillie est d'un demi-cercle, et égale à la moitié de sa hauteur.

Le *cavet* est un quart-de-rond creusé dans la moulure, c'est-à-dire que le centre est placé en dehors de la figure, tandis que dans le quart-de-rond le centre est pris dans l'intérieur.

Le *congé* est un quart de cercle, mais beaucoup plus petit que le cavet. C'est un profil en gorge qui rattache la partie saillante d'un ornement au nu du mur.

La *gorge* est une moulure rentrante et creuse, formée d'un demi-cercle ; sa profondeur est égale à la moitié de sa hauteur.

On appelle moulures *mixtes* celles qui ont plusieurs centres, telles que le *talon*, la *doucine*, la *scotie*.

Pour varier ces moulures, on les renverse, ce qui donne de nouvelles combinaisons. L'on a par ce moyen le *cavet renversé*, le *talon renversé*, la *doucine renversée*, la *scotie renversée*, etc., etc.

On divise encore les moulures en *grandes* et *petites moulures*. Les grandes moulures sont les doucines ou cymaises, les quarts-de-rond, les talons, les tores et les scoties ; les petites sont les réglets, les filets et les listels. Les petites moulures se combinent avec les grandes pour leur donner de la valeur.

La copie du septième tableau apprendra sur les moulures tout ce qu'il importe d'en connaitre dans un ouvrage qui ne traite pas spécialement de l'architecture.

98. — *Dessiner la moulure de la* fig. 75. Elle se compose de plusieurs parties :

    1. Congé; c'est un quart de cercle.
    2. Orle, ou ceinture.
    3. Baguette.
    4. Tore.

Le tore repose sur la plinthe.

Il y a deux espèces de tores, le *petit tore* et le *gros tore*, ou *tore supérieur* et *tore inférieur*. Ainsi, dans la base attique on trouve les deux tores.

L'orle se termine par une verticale; la baguette et le tore, par des demi-cercles.

99. — *Dessiner les moulures de la* fig. 76. La fig. 76 se compose de deux parties :

    1. Listel.
    2. Cavet.

100. — *Dessiner la moulure de la* fig. 77. Cette moulure se compose de trois parties :

    1. Filet.
    2. Scotie.
    3. Filet.

Elle est plus difficile à tracer que les précédentes.

La courbe est de celles qu'on nomme *courbes à deux centres*.

Pour l'obtenir, on décrit d'abord le quart de circonférence CD, du centre A, qui se trouve sur la verticale abaissée de l'extrémité du filet. On divise par la pensée le rayon AC en deux parties égales, et l'on recule le centre A d'une de ces parties, de manière que $AC = 2\,AB$, ce qui donne le centre B. De ce centre et avec le rayon BC on décrit un nouveau quart de circonférence aboutissant d'une part au point C, et de l'autre à l'extrémité du filet servant de base.

La courbe se nomme *scotie*. Quelquefois cette courbe est tracée à trois centres pour lui donner plus de longueur, comme on peut le remarquer dans les vases dits *Médicis*.

On varie la forme de la scotie en éloignant plus ou moins le point B du point A.

101. — *Dessiner la moulure de la* fig. 78. Cette moulure se compose de cinq parties :

1. Filet.
2. Quart-de-rond.
3. Baguette.
4. Orle.
5. Congé.

On peut faire remarquer que le filet est en saillie ; que le quart-de-rond est, comme l'indique son nom, un quart de circonférence ; que la baguette est terminée par une demi-circonférence ; que l'orle est, en épaisseur, la moitié de la baguette, et que le congé est un quart de circonférence rentrant.

Dans la menuiserie et l'ébénisterie, on donne souvent de petites dimensions aux grandes moulures.

102. — *Dessiner la moulure de la* fig. 79. Cette moulure se compose de deux parties :

1. Filet.
2. Talon droit.

Pour cette construction on prend à l'œil trois distances égales *ab, ac, cb;* et du point *b,* comme centre, on décrit un arc de cercle jusqu'en *c;* on prolonge *bc* jusqu'en *d,* de manière que *dc* égale *cb;* du point *d,* pris pour centre, on décrit un arc de cercle jusqu'en *e,* de manière que la distance *ce* soit égale à *ed.*

103. — *Dessiner un talon renversé,* fig. 80. Cette construction est basée sur le même principe que celle de la fig. 79.

On prend trois distances égales, *ab, ac, cb,* et du point *b* on décrit un arc de cercle jusqu'en *c.* On prolonge *bc,* on prend *dc* égale à *bc,* et du point *d,* comme centre, on décrit un second arc jusqu'en *e,* que l'on détermine en prenant la distance *ce* égale à *cd* et à *de.*

104. — *Dessiner une doucine renversée*, fig. 81.

> 1. Listel.
> 2. Doucine renversée.
> 3. Baguette.

Pour construire cette moulure, on tire l'oblique *ae*. On la partage en deux parties égales au point *b*. On élève sur le milieu de *ab* une perpendiculaire indéterminée. Par le point *b* on mène une oblique plus ou moins inclinée, selon la forme que l'on veut donner à la doucine. Le point *c* de rencontre de la perpendiculaire et de l'oblique *bc* est le centre de l'arc *ab*, que l'on décrit avec le rayon *ca*. On prolonge *cb* et on prend *bd* égale à *bc*. Du point *d*, comme centre, on décrit la seconde partie de la doucine jusqu'en *e*.

105. — *Dessiner une doucine droite*, fig. 82. La doucine droite ou cymaise se compose de trois parties : d'un réglet, d'une cymaise, d'un filet.

Quoique cette construction soit fondée sur le même principe que celle des moulures précédentes, nous n'en donnerons pas moins l'explication pour ceux qui ne saisissent pas facilement les rapports d'une figure à une autre.

Tirez l'oblique *ae* dans l'inclinaison que vous voulez donner à la cymaise. Divisez cette ligne en deux parties égales, au point *c*. Sur le milieu de *ac* élevez une perpendiculaire, et tirez l'oblique *cb*, qui détermine le point *b*. De ce point, comme centre, et avec un rayon *ba*, décrivez l'arc de cercle *ac*; prolongez *bc*, et prenez *cd* égale à *cb*. Du point *d* comme centre, et avec un rayon *dc*, décrivez l'arc *ce* qui termine la cymaise.

On fera remarquer aux élèves que la doucine et le talon renversés sont les mêmes figures dans un ordre inverse; qu'il en est de même du talon droit et de la cymaise.

Les moulures que nous avons indiquées sont les moulures géométriques; elles sont susceptibles de recevoir des ornements.

C'est le goût qui doit réclamer ces embellissements : les

feuilles d'acanthe, les arceaux, les oves, etc., rendent les moulures plus riches.

Dans certains cas, une noble simplicité est préférable à tous les ornements.

Quelquefois aussi trop de simplicité ne serait pas en harmonie avec la destination des bâtiments ou des palais auxquels appartiendraient les moulures.

106. — *Dessiner la* fig. 83. C'est un quart-de-rond orné d'oves (*ove* vient du mot latin *ovum,* œuf) et d'une feuille d'acanthe.

107. — *Dessiner la* fig. 84. C'est un talon droit orné de feuilles d'acanthe et d'arceaux.

Ces deux dernières figures seront tracées d'abord sans les ornements; on attendra qu'on ait dessiné le onzième tableau pour reprendre les figures 83 et 84 avec les oves, les feuilles d'acanthe et les arceaux.

CHAPITRE VI.

NOTIONS SUR LES MACHINES.

———

108. — Les élèves savent tracer les lignes droites et les lignes courbes ; ils se sont fortifiés par le dessin des figures précédentes que nous avons présentées pour modèles. Ils arrivent tout naturellement à des dessins plus compliqués, mais plus intéressants, dans lesquels se trouvent combinées les lignes droites et les lignes courbes.

Ce chapitre sera consacré au dessin de quelques machines simples, formées par la combinaison de la ligne droite et de la ligne courbe. Sans vouloir entrer dans des détails que ne comporte pas notre sujet, nous croyons indispensable de donner quelques notions sur chacune des machines que nous ferons connaître.

« On appelle *machines* des instruments propres à transmettre l'action des forces. On s'en sert ou pour augmenter l'action dont une force est capable, ou pour changer la direction de cette force, ou pour produire d'autres effets.

« Il y a un nombre infini de *machines composées;* mais toutes peuvent se rapporter à un petit nombre de *machines simples.*

« On compte ordinairement sept machines simples, savoir : les *cordes,* les *leviers,* la *poulie,* le *plan incliné,* le *treuil,* la *vis* et le *coin.*

« Un mathématicien illustre, M. Poisson, a rapporté ingénieusement toutes les machines au *point,* à la *ligne* et au *plan,* ce qui réduit à trois les *machines simples.*

« Nous ne parlerons que de certaines machines usuelles.

« Le *levier*, considéré mathématiquement, est une tige droite ou courbe, ou droite dans une partie et courbe dans l'autre, que l'on suppose inflexible et sans pesanteur.

« Dans la réalité, c'est une tige de bois ou de fer qui repose sur un point fixe, nommé *point d'appui;* elle reçoit à un de ses points l'action d'une force nommée *puissance,* pour vaincre une autre force appelée *résistance.* »

La fig. 85 représente un levier de fer courbé à son extrémité *b,* qui est engagé sous un bloc de marbre, afin de le soulever. La pierre sur laquelle porte le levier lui sert de *point d'appui, a;* le bloc de marbre est la *résistance, d;* les bras d'un homme, appliqués à l'extrémité supérieure du levier, sont la *puissance, c.*

« Plus la distance du point d'appui à la puissance est grande, et plus le levier produit d'action : c'est un fait que chacun a pu vérifier bien des fois dans le cours habituel de la vie.

« En général, *la puissance multipliée par sa distance au point d'appui égale la résistance multipliée par sa distance au même point d'appui.* »

Un exemple fera comprendre comment on doit appliquer cette formule. Supposons que la distance de *c* en *a* soit de 1^m85, et que la distance de *a* au bloc de marbre soit de 0^m25; admettons que la force appliquée en *c* agisse comme 80 kilogrammes ; nous aurons, d'après la formule ci-dessus, $80 \times 1.85 = 0.25 \times x$, d'où l'on tire

$$x = \frac{80 \times 1,85}{0,25} = 592 \text{ kilogrammes.}$$

On voit donc qu'une force de 80 kilogrammes, appliquée à l'extrémité supérieure du levier, soulèvera un bloc de marbre de 592 kilogrammes.

109. — *Dessiner la* fig. 85. Cette figure est tellement simple, qu'elle n'exige aucune règle particulière : on dessinera d'abord le bloc de marbre avec toutes ses moulures, et ensuite le levier.

Vérification de la fig. 85. On vérifiera avec soin si les moulures du bloc de marbre sont conformes au modèle.

Dans l'exemple de la fig. 85, le point d'appui se trouve placé entre la puissance et la résistance ; mais, comme cette disposition n'est pas constante, on distingue trois sortes de leviers.

« *Le levier du premier genre* est celui dans lequel le point d'appui est entre la puissance et la résistance. La fig. 85 nous en a déjà fourni un exemple. »

Les ciseaux, fig. 86, sont encore un levier du premier genre. En effet, le point d'appui (c'est la vis *a*) se trouve entre la puissance, c'est-à-dire les anneaux où se placent les doigts, *b, b*, et la résistance, c'est-à-dire l'étoffe ou l'objet mis entre les deux lames, *c*.

110. — *Dessiner les ciseaux de la* fig. 86. On élèvera une verticale qui doit passer par le milieu de la vis, et qui servira à déterminer la place des anneaux et des pointes. Dans la position représentée par la fig. 86, les anneaux et les tranchants des lames sont à égale distance de la verticale.

Vérification de la fig. 86. Quand la verticale est vérifiée, on examine si les branches des ciseaux s'en éloignent également, si les anneaux sont nettement dessinés, et si les contours ne laissent rien à désirer.

Nous engageons les élèves à copier avec soin les figures de cette planche : ils y trouveront les éléments contenus dans les premiers tableaux ; cependant il faut de l'attention pour bien rendre les détails des machines.

« Dans le *levier du second genre*, la résistance est placée entre la puissance et le point d'appui. »

La fig. 87 en offre un exemple. C'est un couteau attaché à une table, et qui sert aux boulangers, aux charcutiers, etc., etc. Le point d'appui est à l'extrémité *a* du couteau, la puissance s'applique à l'autre extrémité ou manche du couteau, *b*, et la résistance *c* est placée entre les points *a* et *b* et sous la lame du couteau.

Dessiner la fig. 87. L'élève tracera un angle de la même ouverture que celui fait par le couteau et le plan horizontal de la table; il dessinera ensuite les différentes parties de cette figure.

Vérification de la fig. 87. On examinera si tous les détails sont bien rendus, et si les lignes ombrées sont convenablement placées.

111. — Dans le *levier du troisième genre*, la puissance se trouve entre la résistance et le point d'appui.

La fig. 88 représente un petit étau à main : l'écrou qui retient la vis est la *puissance, b;* l'objet placé entre les mâchoires de l'étau représente la *résistance, c,* et le *point d'appui* est la jonction inférieure des deux branches de l'étau, *a.*

Dessiner la fig. 88. On élèvera une verticale sur laquelle se trouvera le milieu de l'objet serré entre les mâchoires de l'étau, et l'on tirera une horizontale à la hauteur de la vis. On copiera le plus fidèlement qu'il sera possible cette petite figure.

Les pincettes employées pour relever les tisons, les cisailles destinées à la tonte des moutons, sont des leviers du troisième genre.

Vérification de la fig. 88. On vérifiera successivement les mâchoires de l'étau, l'écrou et la vis, dont les filets sont quadrangulaires.

112. — La fig. 89 représente un compas, qui est encore un levier du troisième genre.

Si l'on se sert d'un compas pour saisir un insecte et l'examiner à la loupe, alors le compas est complétement un levier du troisième genre.

Lorsqu'on trace un cercle, la puissance est dans les doigts, qui s'appliquent en *a;* la résistance est à l'extrémité de la pointe qui tourne, et le point d'appui est à l'extrémité de la pointe immobile.

Vérification de la fig. 89. Cette figure étant symétrique, on élèvera une verticale qui doit passer dans la tête du compas. On vérifiera cette tête, composée de cercles concentriques.

113. — Ces détails sur les leviers nous conduisent à l'examen de *la balance*, qui est un levier du premier genre.

On distingue dans une balance :

a, point d'appui;

b, aiguille;

c, c, fléau, composé des deux bras de la balance;

d, d, les bassins.

Le plateau où l'on met le poids représente la *puissance;* l'autre, où se trouve l'objet à peser, représente la *résistance;* le *point d'appui* est au milieu de la longueur du fléau.

Pour qu'une balance marche bien, il faut qu'elle soit sensible, c'est-à-dire que l'addition d'un poids léger dérange l'équilibre; mais il faut en même temps que les oscillations du fléau ne soient pas trop rapides. Si le centre de gravité du fléau est trop près du point d'appui, les oscillations sont lentes et difficiles, la balance est insensible ou *paresseuse;* si, au contraire, le centre de gravité est éloigné du point d'appui, les mouvements oscillatoires du fléau deviennent fréquents et rapides, et la balance est trop sensible ou *folle*.

On élève ou on abaisse le centre de gravité en ôtant ou en ajoutant de la matière à la partie inférieure.

Pour avoir une balance juste, il faut que les bassins soient de même poids et soutenus par des cordes ou des chaînes égales; que les deux bras de la balance soient d'une longueur égale : car si l'un des bras est plus long que l'autre, le poids peut faire équilibre à une moindre quantité de marchandises.

On comprend que l'un des bras de la balance puisse être plus long que l'autre, et cependant qu'il soit de la même pesanteur, en sorte qu'il y aura équilibre, quoique la balance soit fausse; si les deux bras sont de pesanteur inégale, la différence de poids des bassins peut faire compensation. La mauvaise foi et l'ignorance emploient souvent des balances fausses qui ont l'apparence de la justesse : nous devons prémunir nos lecteurs contre ce genre de fraude.

Un moyen simple de vérification consiste à changer de bassin les poids et les marchandises après une première pesée. C'est ce qu'on appelle la *méthode des doubles pesées.*

On met dans un bassin le corps qu'on veut peser; dans l'autre on met des morceaux de fer ou du petit plomb. Quand la balance est en équilibre, on retire l'objet soumis à la pesée, et on le remplace par des poids-mesures : ces poids indiquent exactement ce que pèse le corps.

Si nous sommes entré dans quelques détails sur la balance, c'est à cause de son usage journalier.

Dessiner la balance fig. 90. On tracera deux horizontales, une pour les bassins, et la seconde pour les bras de la balance; sur le milieu de cette seconde horizontale on élèvera une verticale sur laquelle devra se trouver l'aiguille qui indique l'équilibre. Il ne restera plus qu'à dessiner exactement tous les détails. Les cordes exigent beaucoup de soin dans l'exécution; si elles sont noires et inégales, elles forment tache.

Vérification de la fig. 90. On mesurera au demi-mètre les deux bras de la balance; ils doivent être d'égale longueur; les bassins aussi doivent être égaux.

114. — La *romaine,* ou *peson,* est composée, comme la balance, d'un fléau; mais les deux bras de levier sont d'inégale longueur. Au bras le plus court est fixé un crochet pour attacher l'objet à peser, ou un bassin suspendu par des cordes *b,* dans lequel on place les corps que l'on veut peser. On adapte au bras le plus long un poids nommé *peson, c,* qui glisse le long de ce bras au moyen d'un anneau. On conçoit que le peson placé à une distance un peu considérable du point d'appui, *a,* peut faire équilibre à un objet très-lourd.

Lorsqu'on veut faire une pesée exacte avec la romaine, on pèse le corps, on marque le point où le peson est en équilibre avec la marchandise, et on remplace la marchandise par des poids-mesures : ces poids indiquent fidèlement la pesanteur.

Dessiner la romaine, ou peson, fig. 91. On trace le levier, et, à l'extrémité du crochet, le plateau carré soutenu par quatre cordes ; on dessinera le poids et le crochet supérieur.

Il est nécessaire de marquer la corde très-légèrement ; autrement elle est noire et fait tache.

Vérification de la fig. 91. On vérifiera cette figure avec le demi-mètre : on doit s'assurer que les crochets s'ajustent bien, et que le plateau tombe bien verticalement.

115. — *Dessiner une poulie,* fig. 92. « La poulie est une roue ou roue creusé en gorge à sa circonférence, pour recevoir une corde. »

Au milieu de la poulie se trouve le *boulon :* c'est une cheville de fer dont l'une des extrémités est terminée par une tête ronde, et dont l'autre est percée pour recevoir une clavette. La *clavette* est une espèce de clou plat qui entre dans une fente à l'extrémité du boulon.

a est la chape ;

b, la corde à laquelle est attachée la résistance ;

d, la corde à laquelle s'applique la puissance.

La poulie est soutenue par la chape, dans laquelle le rouet tourne librement : à l'une des extrémités de la corde se trouve la résistance ; à l'autre s'applique la puissance.

La gorge de la poulie ne doit pas être ronde, mais angulaire, pour que la corde ne glisse pas.

On fait ordinairement les poulies en bois ou en métal.

Lorsque la poulie est en bois, il convient que l'axe soit fixé au rouet : l'avantage qu'on en tire, c'est que, si le trou de la chape vient à s'agrandir, la poulie descend un peu, mais elle n'en tourne pas moins bien ; au lieu que, lorsque la poulie tourne sur son axe, le trou qui reçoit l'axe s'agrandit inégalement. On évite cet inconvénient en fabriquant les essieux et les rouets en substances métalliques. Le centre des rouets est ordinairement une boîte en cuivre, dans les poulies en bois.

La poulie fixe sert à changer la direction d'une force et à rendre le mouvement continu.

Vérification de la fig. 92. On vérifiera le rouet au compas et à la corde : on doit s'assurer si la chape est nettement dessinée, et si les détails sont exécutés avec goût.

116. — « On appelle *moufles*, et, en terme de marine, *palans*, des assemblages de poulies dont les unes sont fixes et les autres mobiles, et cependant embrassées par une même corde. »

Dessiner la fig. 93, qui représente une moufle à trois poulies immobiles.

a est le fardeau ou la résistance ;

b est la partie immobile ;

c, la corde ou s'applique la puissance.

On peut, au moyen de ces moufles, soulever de très-grands fardeaux avec une petite force ; mais, par compensation, les cordes parcourent beaucoup d'espace pour faire parcourir à la résistance une très-petite étendue.

117. — Nous ferons remarquer ici, en passant, que plusieurs causes diminuent les résultats que devraient présenter les machines. Le frottement en est la cause principale ; il empêche presque toujours de conclure d'une machine en petit à une machine semblable, mais en grand, parce que les résistances ne sont plus dans les mêmes proportions.

Pour dessiner la fig. 93, l'élève tracera deux verticales un peu séparées : sur l'une se trouveront les trois centres des poulies supérieures, sur l'autre se trouveront les trois autres centres des poulies inférieures ; il dessinera la chape immobile, terminée par un anneau, et au-dessous la chape mobile, à laquelle est suspendue la résistance, figurée par un poids.

Il n'aura plus qu'à tracer les cordes, qu'il ombrera légèrement comme le modèle.

Vérification de la moufle fig. 93. On s'assurera de l'exactitude des verticales au fil à plomb, et de celle des circonférences au compas ou à la corde. On devra, avant tout, examiner si l'aspect total de la figure est agréable, et si rien ne choque la vue. Pour cela, il faut que les lignes soient arrêtées avec précision, sans jarret, sans disjonction, et que les contours soient purs.

118. — *Dessiner la* fig. 94, qui représente un appareil d'un autre système. Le système (ce mot veut dire ici disposition) de moufles que nous donnons remplace avantageusement le précédent ; il est surtout employé dans la marine et sur les vaisseaux. Les poulies y sont de diamètres égaux, traversées par un boulon commun, et placées dans une seule chape ; les cordes parallèles d'un même côté ne sont pas parallèles aux parties de cordes qui se trouvent de l'autre côté : ce défaut de parallélisme et les inconvénients qui en résultent deviennent très-sensibles quand les deux moufles sont rapprochées.

a est la résistance figurée par un poids ;

b, le point d'appui ;

c, la corde attachée à une poulie ;

d, la corde où s'applique la puissance.

L'élève tracera une verticale, sur laquelle doit se trouver le centre des deux premières poulies et des chapes ; il dessinera successivement les autres parties, le fardeau, les poulies, les chapes et les cordes.

Vérification de la fig. 94. On procèdera, comme dans la figure précédente, en s'assurant de l'égalité des circonférences et de l'exactitude de la verticale [1].

« Si l'on veut savoir l'effet que produisent les moufles, il faut multiplier la force de la personne qui les met en mouvement par le double du nombre de poulies mobiles. Soit, par exemple, un homme capable de produire un effort de 90 kilo-

---

[1] Cette figure étant en perspective, nous aurions pu donner une forme légèrement elliptique aux poulies du premier plan ; mais nous avons préféré conserver la forme naturelle, pour ne pas occasionner de confusion dans la tête des élèves. Nous pouvons nous appuyer, pour agir ainsi, de l'autorité d'excellents ouvrages modernes français et anglais sur la mécanique et la statique, dans lesquels on a suivi le même système de dessin.

grammes, et soit 3 le nombre des poulies mobiles : il faut multiplier 90 par 6, double de 3, ce qui donne pour produit 540 kilogrammes.

« Dans la pratique il faut diminuer ce résultat à cause du frottement. »

119. — « Le treuil est un cylindre qui tourne sur un axe soutenu par deux points fixes ; sur ce cylindre s'enroule une corde à l'autre extrémité de laquelle est suspendu un fardeau. Au moyen d'une petite force on peut enlever une masse très-pesante.

« Dans la fig. 95, le treuil est appliqué à un puits pour élever un seau ; on adapte à chaque extrémité du cylindre une manivelle qui permet à deux personnes de tirer le seau avec très-peu d'efforts.

« Quand le treuil est destiné à soulever de plus lourds fardeaux, tels que les blocs de pierre ou de marbre, on remplace avantageusement la manivelle par une grande roue armée de chevilles. »

Dessiner un puits et son treuil, fig. 95. Aucune difficulté grave ne se présente dans le dessin de cette figure, où l'on ne trouve que des verticales et des horizontales. Cependant les ardoises qui couvrent le toit, le seau, et la corde enroulée sur le cylindre, réclament quelque attention.

Vérification de la fig. 95. La vérification se fera à l'équerre et au niveau : on s'occupera principalement de la correction et de la netteté des lignes.

120. — *Dessiner un cabestan*, fig. 96. Quand il s'agit de traîner de lourds fardeaux, on se sert du cabestan, qui est une espèce de treuil dont le cylindre a est vertical. Au lieu de manivelles, la tête du cabestan b est traversée par deux grands leviers de bois, aux extrémités c, c, c, c, desquels quatre hommes peuvent appliquer leurs forces. Cette machine est très-employée dans les ports et à bord des vaisseaux.

Pour dessiner cette figure, on élèvera une verticale qui sera l'axe du cylindre. Ce dessin, un peu compliqué de détails, demande du soin et de l'intelligence. La pierre *d* est placée sur des rouleaux de bois pour éviter les frottements, qui exigeraient une puissance plus considérable.

Vérification de la fig. 96. La vérification de cette figure exige beaucoup de soin : il faut examiner au demi-mètre si les leviers de bois, quoique séparés par la tête du cabestan, sont bien en ligne droite, si les pièces de bois sont composées de parallèles, si la corde qui entoure la pierre s'enroule régulièrement sur le cylindre vertical.

121. — « Les roues *dentées* ou *à engrenage* sont des roues garnies à leur circonférence de saillies également espacées que l'on nomme *dents*, et à l'aide desquelles elles engrènent les unes avec les autres. Elles transmettent à d'autres roues, par le moyen des *pignons*, le mouvement reçu. En faisant usage de roues de cette espèce, on peut transmettre au loin l'action de la puissance et changer la direction du mouvement. Le plus grand avantage que l'on en retire est de gagner en vitesse ce que l'on perd en force, ou de gagner en force ce que l'on perd en vitesse. Dans certains cas, il est fort avantageux qu'un homme puisse faire le même effort que quatre hommes, en y mettant quatre fois plus de temps ; ou, au contraire, qu'il emploie toute sa force, dans le cas où il devrait n'en employer que le quart, mais en obtenant une vitesse quatre fois plus grande. »

Dessiner les roues à engrenage fig. 97.

a, a, a, sont les grandes roues ;

b, b, les pignons ;

c, un rouleau ;

d, un poids.

Les dents des pignons engrènent avec les dents des grandes roues.

On dit que *des dents engrènent* lorsque les dents d'une roue entrent dans celles d'une autre de manière à pouvoir la faire tourner.

« Les roues à engrenage sont très-employées dans l'horlogerie ; on s'en sert également pour les tourne-broches.

« Ordinairement le nombre des dents des pignons est contenu exactement dans celui des dents des grandes roues. Si l'on veut, par exemple, qu'une roue fasse cinq révolutions pendant que la précédente n'en fera qu'une seule, il faut que cette roue précédente ait cinq fois autant de dents que le pignon dans lequel elle engrène. »

Pour dessiner la fig. 97, l'élève tirera une horizontale sur laquelle doivent se trouver les centres des grandes roues et des pignons. Il tracera ensuite les roues et leurs pignons, et décrira quatre circonférences concentriques : les deux premières comprendront les dents de la roue, et les deux autres les dents des pignons.

Pour que les roues engrènent facilement, il faut que les dents aient du jeu, c'est-à-dire qu'elles ne se touchent pas : le jeu doit être de $\frac{1}{8}$ de l'épaisseur de la dent.

Vérification de la fig. 97. Il faut beaucoup de précaution pour dessiner cette figure avec justesse. L'attention du correcteur devra se porter successivement sur l'égalité des circonférences, sur l'égalité des dents en hauteur et en largeur, sur l'espace entre les dents, qui doit être partout le même. C'est encore une des figures de ce recueil qui réclament quelque indulgence de la part des maîtres.

122. — « La vis est un cylindre entouré d'une spirale en relief qu'on nomme *filet*. La vis entre dans une pièce *a*, fig. 98, que l'on nomme *écrou*, creusée suivant la même spirale.

« La distance d'un filet à l'autre se nomme le *pas de la vis*, comme on le voit dans la figure, où les deux parallèles à l'axe, *de*, *de*, sont coupées en parties égales par le filet en *c, c*.

« Plus le pas de vis est petit, plus on peut produire un grand effet, mais en même temps moins le mouvement est rapide.

« Les vis se font en buis, en hêtre, en poirier ou en métal. La vis métallique est bien préférable aux vis en bois, dont les filets s'ébrèchent facilement.

« Les filets sont triangulaires ou quadrangulaires, suivant les résultats qu'on se propose d'obtenir.

« La vis est une des machines les plus employées : on s'en sert pour exercer une pression considérable, par exemple, pour extraire le jus de raisin et d'autres fruits.

« Il y a plusieurs manières d'employer la vis : tantôt c'est elle qui tourne, l'écrou restant immobile ; tantôt c'est l'écrou qui descend le long de la spirale de la vis immobile. »

Dessiner la fig. 98.

a est l'écrou ;

b, la puissance appliquée à l'extrémité d'un levier qui traverse l'écrou ;

c c, le pas de vis.

Pour dessiner cette figure, on élèvera une verticale, et on tracera toutes les horizontales également espacées que l'on voit dans le modèle, et qui servent à marquer chaque pas de la vis.

Ce dessin exige de la précision et du soin.

Vérification de la fig. 98. On vérifiera au demi-mètre si les pas de vis sont égaux, si la spirale est régulièrement tracée, et si l'écrou est convenablement disposé. Nous le supposons transparent, pour indiquer toute l'étendue de la vis : on aura soin, par conséquent, d'affaiblir le tracé de la partie de la vis qui s'ajuste dans l'écrou.

123. — « La vis sans fin est un cylindre dont les extrémités sont portées par deux points fixes. On combine la vis sans fin avec le treuil. Deux filets faisant saillie sur la surface du cylindre engrènent avec les dents d'une roue verticale sur l'axe de laquelle est un rouleau. Sur ce rouleau est appliquée la corde qui retient le fardeau que l'on veut élever. Une très-petite force peut soulever un très-lourd fardeau ; mais ce que l'on gagne en force on le perd en vitesse. »

Dessiner la fig. 99.

a est le cylindre ;

b, b, les deux points fixes,

c, la manivelle ;

d, les deux filets carrés ;

e, la roue verticale ;

f, le rouleau fixé sur l'axe de la roue ;

g, la corde à l'extrémité de laquelle est attachée la résistance.

L'élève dessinera la roue, puis les dents également espacées ; il dessinera ensuite le cylindre de manière à se réserver l'espace nécessaire pour les filets, puis le rouleau, la corde et la manivelle.

Vérification de la vis sans fin. On divisera le cylindre en deux parties égales par une horizontale qui indiquera exactement la place des points fixes ; on vérifiera les deux circonférences concentriques et l'équidistance des dents.

CHAPITRE VII.

APPLICATIONS DE LA COMBINAISON DE LA LIGNE DROITE ET DE LA LIGNE COURBE.

---

124. — Le chapitre précédent a fourni les modèles des machines simples; nous allons nous occuper maintenant de nouvelles combinaisons de la ligne droite et de la ligne courbe appliquées à la marbrerie, à la menuiserie, à la serrurerie, etc., etc.

Dessiner un poêle d'antichambre et de salle à manger, fig. 100. Les poêles sont toujours employés dans les constructions les plus modernes pour chauffer les antichambres et les salles à manger, dont l'atmosphère a besoin d'une température douce et égale, que ne fourniraient pas les plus grands feux de cheminée. D'un autre côté, les poêles chauffent mieux et à meilleur marché.

On construit les poêles en biscuit ou en carreaux de faïence émaillée. Nous préférons les derniers, quoiqu'un peu plus chers que les poêles en biscuit.

La fig. 100 représente un poêle de construction, c'est-à-dire construit sur place en carreaux de faïence émaillée, avec colonne composée de colliers ou de cylindres en faïence qui s'emboîtent les uns dans les autres. Le haut de la colonne doit être surmonté par une flamme ou une corbeille de fruits en faïence. Un poêle de salle à manger complet en faïence émaillée coûte de 120 à 150 fr.

Afin de profiter de toute la chaleur que peut distribuer un poêle, on le garnit dans son intérieur de tuyaux de fonte verticaux et horizontaux dans lesquels circule l'air, que l'on fait venir du dehors par un conduit placé sous les dalles de la salle à manger. L'air froid du dehors arrive sous la plaque de fonte où se trouve le feu ; il s'échauffe, devient plus léger, et monte dans les tuyaux, où il s'échauffe encore, pour ressortir dans l'appartement par les bouches de chaleur *a, a*. La fumée circule également dans diverses chambres pratiquées dans l'intérieur du poêle, et sort à peu près froide par la colonne.

Il est à remarquer dans cette construction, qui est la meilleure de toutes celles qui sont connues, que plus le froid extérieur est grand, plus le tirage est considérable, et plus les bouches jettent de vapeur chaude.

Dans les petits poêles, on supplée aux bouches de chaleur par la longueur des tuyaux conducteurs de la fumée ; mais la tôle donne une chaleur sèche et brûlante qui cause des maux de tête. On y remédie en laissant sur les poêles un vase plein d'eau : l'eau s'échauffe, se vaporise, et rend l'air moins sec.

Pour copier la fig. 100, on tracera une verticale qui passera par le milieu de la colonne et du poêle, et divisera la figure en deux moitiés symétriques ; on dessinera le corps du poêle avec ses moulures, ses carreaux, ses bouches de chaleur, ses cercles de cuivre et sa porte. On dessinera ensuite la colonne et ses quatre colliers ; on rendra fidèlement les moulures du soubassement et du chapiteau.

Vérification de la fig. 100. La vérification de cette figure consiste dans l'attention qu'il faut donner au dessin des détails et à l'exactitude des petites lignes parallèles des carreaux. Plus nous avancerons, et plus le goût deviendra indispensable dans le tracé des figures.

125. — *Dessiner une cheminée de cabinet,* fig. 101 et 102. Cette cheminée, qui convient à une maison riche, est de bon goût. Au-dessus est une glace ornée de son cadre uni ; sur la tablette est une pendule de cabinet d'une forme sévère. Cette pendule est en marbre.

On pourra faire dessiner la cheminée seule sous le n° 101, et la cheminée complète avec la pendule et la glace sous le n° 102.

Le cintre *b* se nomme *contre-chambranle à bouche de four*.

Les chambranles *c, c,* sont à pilastres.

d, d sont des patères de marbre pareil ou d'une couleur tranchée, selon le goût du propriétaire.

e est une galerie ou barre de cheminée destinée à empêcher les tisons de rouler dans la chambre. Cette petite galerie est de la plus grande simplicité; elle est en cuivre, une tringle de fer poli est retenue par deux boules en cuivre.

Une cheminée en marbre de Malplaquet, conforme au modèle de la fig. 101, peut valoir de 150 à 200 fr. Si l'on désire des marbres précieux, il faut y mettre de 400 à 1,000 fr.

L'élève tracera une horizontale qui déterminera la position de la tablette; il dessinera la traverse, et au-dessous il décrira une demi-circonférence, dont il prolongera les extrémités en ligne verticale jusqu'aux socles; il finira par les chambranles et les patères.

Il tracera au-dessus de la cheminée le cadre de la glace. Il faut presque nécessairement un tire-ligne pour tracer les petites parallèles si rapprochées qui indiquent la moulure du cadre : avec un morceau de craie, il serait impossible d'arriver à une exécution même approximative. On finira par tracer la pendule avec son cadran, ses divisions et ses aiguilles. Il faut éviter que les veines du marbre soient trop accusées, autrement elles feraient tache.

Vérification des fig. 101 et 102. On vérifiera la demi-circonférence du cintre et les patères au compas; le reste à l'équerre et à la règle. On appelle *patère* (une patère) un ornement en marbre, et le plus souvent en-cuivre, ayant la forme d'une coupe. On se sert de patères pour relever les grands rideaux des fenêtres d'un salon. En comparant la fig. 101 avec la fig. 43, qui offrent toutes deux des modèles de cheminée, le maître fera observer à l'élève combien l'alliance de la ligne droite et de la ligne courbe sert à orner et à enrichir les constructions.

126. — Les *marbres* sont de plusieurs espèces.

Et d'abord on les distingue en *marbres antiques* et *marbres modernes.*

Les marbres antiques sont ceux dont les carrières n'existent plus ; les marbres modernes sont ceux dont les carrières sont en exploitation.

Parmi les marbres antiques on cite particulièrement *le vert antique, le noir antique, le jaune antique, le jaspe, le lapis,* d'un bleu foncé ; *le porphyre,* qui était rouge ou vert.

Les marbres modernes les plus connus sont : *le marbre blanc,* très-estimé ; *le bleu turquin; le vert d'Égypte; la griote,* qui est couleur de chair, etc.

Les marbres sont ordinairement *veinés,* ou ils offrent une pâte incrustée de cailloutages et de coquillages : on les appelle alors *brèches.* Un des grands inconvénients des marbres brèches, c'est qu'en les polissant il s'y rencontre des vides qu'il faut mastiquer.

Quand le marbre est terne après avoir été poli, on le nomme *cameloté;* s'il n'est pas assez dur pour recevoir une arête vive, on le nomme *pouf;* enfin, s'il est d'une dureté excessive, il est appelé *fier.*

Comme les beaux marbres coûtent fort cher, on les imite par une composition nommée *stuc,* qui est formée de marbre broyé et de chaux. Le stuc craint l'humidité, mais dans l'intérieur des maisons il fait un bon usage ; on en revêt les murs des antichambres et des salles à manger.

Le stuc en jaune coûte 18 fr. le mètre carré ; le stuc blanc veiné coûte 15 fr.

127. — *Dessiner la* fig. 103. Cette figure représente une grille d'appui, composée de cadres à doubles ronds. Cette grille de fer peut servir pour un balcon; elle est à doubles châssis, formant cadres, dans lesquels les doubles ronds sont maintenus par des croisillons *a, a, a, a.*

La manière la plus simple de dessiner la fig. 103 est de décrire d'abord les circonférences concentriques, et de tracer les croisillons qui déterminent les lignes du châssis intérieur ; on décrira au-dessus, au-dessous et sur les côtés, les petites circonférences, et on terminera le dessin par la barre d'appui.

Vérification de la fig. 103. On tracera des horizontales, et on élèvera des verticales qui devront passer par les centres des circonférences. Ces lignes de vérification feront connaître immédiatement les erreurs, s'il y en a. Le reste se mesurera au demi-mètre.

Il est inutile de répéter à chaque figure qu'il faut avant tout s'assurer, au moyen du fil à plomb, si les lignes sont verticales.

Le meilleur fer de France vient des forges du Berri ; il est dur et il a un grain très-fin.

128. — *Dessiner une porte cochère*, fig. 104. La porte cochère de la fig. 104 est une porte de grande maison. La dénomination de porte cochère vient du mot *coche*, qui autrefois désignait un carrosse de ville et de voyage. Ainsi porte cochère signifiait porte suffisamment large et haute pour que des coches y pussent passer.

Les battants sont composés de panneaux riches : ceux du haut, *a*, *a*, sont saillants et taillés en *pointes de diamants;* celui du milieu, *b*, qui est le plus grand, est orné d'un bou-clier hexagonal allongé avec moulure circulaire au centre ; les panneaux du bas, *c*, sont à pointes de diamants avec une patère au centre. Le joint des battants est masqué dans toute sa hauteur par un pilastre *d*.

On peut varier les ornements à l'infini. Aujourd'hui dans les grandes villes du royaume, et surtout à Paris, les portes cochères sont devenues un objet de luxe.

On voit des portes cochères en fer, à jour, avec des orne-ments de fonte dorée, ou de fonte couleur vert antique. Dans plusieurs grandes maisons, le bas de la porte est en chêne jusqu'à hauteur d'appui, avec des panneaux riches en pointes de diamants, ou avec de larges patères ornées de rosaces au centre ; le haut est en pièces d'assemblage en fer doré, à jour, avec rosaces et croisillons. Quand l'interieur de la cour est bien entretenu, et qu'il y a des échappées de vue sur des jardins, rien n'est de meilleur goût que des portes cochères de ce genre.

On les fermé à l'intérieur avec de grandes *espagnolettes de fer*, au lieu des *balanciers à serrure* qu'on employait autrefois.

Il est difficile de fixer le prix d'une porte cochère, parce qu'elle est susceptible d'une grande variété dans les ornements. D'un autre côté, la hauteur et l'importance de la maison, l'élévation du rez-de-chaussée, de l'entre-sol et du premier, rendent cette estimation presque impossible. Cependant on peut évaluer approximativement une grande porte cochère en chêne, avec ornements en bois, au prix de 1,000 à 1,500 fr. Les ferrures se comptent au poids, et se payent à la livre à raison de 1 fr. Nous ne parlons pas ici des ferrures d'ornement, dont le prix se règle à forfait.

L'élève qui dessinera la fig. 104 élèvera trois verticales sur sa base, dessinera d'abord le pilastre, et partagera la hauteur entre les trois panneaux. Nous n'avons à lui recommander qu'une grande netteté dans les lignes.

Vérification de la fig. 104. Cette vérification se fera à l'équerre, à la règle et au compas. On examinera si les panneaux du bas sont des carrés et si les circonférences sont exactes, si les hexagones qui représentent des boucliers allongés sont formés de parties régulières, enfin si toutes les petites lignes qui sur le dessin indiquent les moulures sont convenablement espacées.

129. — *Dessiner la* fig. 105. Treillages agrestes.

Les treillages de jardin ont été tellement perfectionnés depuis le commencement du siècle, que nous en offrirons deux modèles. Ils sont peu dispendieux dans leur construction et dans leur entretien ; ils embellissent les gazons et les parterres par leur forme variée. Dans les grands parcs, on réserve quelques pièces de gazon pour y parquer des animaux : on entoure cet espace d'un joli treillage.

Ce treillage a besoin d'être souple pour prendre toutes les formes qu'on veut lui donner ; il offre peu de consistance, et il se briserait facilement si l'on n'avait la précaution de le consolider, de distance en distance, avec de forts piquets ou montants de bois.

La fig. 105 représente un treillage composé de demi-cercles assujettis sur les petits piquets *a*, *a*, *a*. Le *bois de châtaigner* que l'on emploie est revêtu de son écorce ; il a dû être préparé d'avance, et courbé en cercle : autrement il éclaterait au moment de la pose.

On élèvera trois verticales sur la base : celle du milieu contient les centres de tous les demi-cercles. En traçant les seize demi-cercles concentriques, on doit tâcher de les espacer également et de leur donner une épaisseur égale ; on dessine ensuite les traverses, et l'on complète les vides par des portions d'arc.

Vérification de la fig. 105. Quand les verticales auront été reconnues exactes, on vérifiera au compas ou à la corde les seize demi-cercles, et les douze portions de cercle, en faisant attention que le treillage doit couvrir et être couvert successivement, comme on le voit dans le modèle.

130. — *Dessiner la* fig. 106. Autre treillage agreste. — Ce treillage est composé d'arcs de cercle dont les extrémités sont liées sur des traverses *a*, *a* ; les traverses intermédiaires servent à consolider les arcs de cercle en *b*, *b*.

Pour dessiner cette figure, on commence par tracer neuf verticales également espacées ; on trace ensuite les verticales intermédiaires, puis les horizontales, et enfin les arcs de cercle qui se coupent deux à deux.

Vérification de la fig. 106. On vérifiera l'exactitude des verticales ; après avoir mesuré si leur distance est égale, on s'assurera, au moyen du compas, si les arcs de cercle sont tous égaux. Le centre du premier grand arc se trouve sur le milieu de la quatrième verticale, qui descend jusqu'à l'horizontale. Pour tracer l'arc suivant, il suffit de reporter la pointe mobile du compas sur la verticale suivante; cette vérification, comme on le voit, n'offre aucune difficulté.

131. — *Dessiner une grille riche en fer pour jardin,* fig. 107. Cette grille peut être simplifiée : on peut en retrancher les cercles et les carrés qui sont dans les frises *d, d.*

a, a, sont les panneaux du milieu;

b, b, les panneaux du haut;

c, c, les panneaux du bas;

d, d, les frises.

Les panneaux sont composés de croisillons qui consolident les châssis; au centre des croisillons sont de petites patères en bronze. Les frises sont ornées de ronds et de carrés placés sur leurs angles.

Cette figure est d'une exécution compliquée; elle demande beaucoup d'attention, surtout pour les frises. Nous l'avons placée la dernière de ce chapitre, afin qu'elle puisse servir au maître à reconnaître les progrès de ses élèves; elle peut être donnée comme composition en dessin linéaire. La fig. 107 peut être négligée par les élèves qui dessinent au tableau noir.

Le moyen que nous conseillons d'employer pour dessiner la fig. 107, est de diviser exactement les verticales avant de commencer. Quand les panneaux sont convenablement placés, que les frises sont divisées dans toute leur hauteur pour recevoir successivement les carrés et les cercles, le tracé est long, mais il n'est pas difficile.

Vérification de la fig. 107. On vérifiera les verticales et les circonférences. On se souviendra que c'est dans la netteté des lignes que consiste le mérite de cette figure.

On pourra varier la fig. 107 en divisant les panneaux du milieu en trois panneaux carrés.

CHAPITRE VIII.

APPLICATION DU DESSIN LINÉAIRE A L'ORNEMENT.

---

132. — *C'est en suivant un ordre méthodique qu'on fait des progrès rapides.* Cette vérité, d'une haute importance dans ses résultats, doit être souvent répétée aux élèves. Si tant d'enfants ne réussissent pas, c'est moins à leur peu de dispositions qu'il faut l'attribuer, qu'à l'absence de toute méthode dans l'enseignement théorique et pratique.

Dans l'étude des langues, dans celle des sciences, on sent la nécessité de la méthode; une marche progressive et méthodique est également indispensable dans le dessin linéaire.

En étudiant les mathématiques, la géométrie, par exemple, il faut malgré soi suivre l'ordre des propositions. Personne ne peut franchir impunément un livre entier, ou même quelques propositions de géométrie, sans être immédiatement ramené à la marche méthodique. Il faut de toute nécessité rétrograder, car on n'a rien compris à ce qu'on a voulu étudier trop tôt. La chaîne des idées se trouvant brisée, force est bien de revenir sur ses pas.

Dans le dessin linéaire, cette méthode, cette liaison, est moins apparente, mais elle existe également. Si un élève, après avoir tracé quelques lignes géométriques, veut passer à des figures compliquées, son dessin est nécessairement inexact; il se dégoûte, et croit n'avoir pas de dispositions; tandis qu'en dessinant des figures disposées dans une progression croissante de difficultés, il parvient au but avec plaisir et en peu de temps.

Nous insistons fortement sur ce point, pour que les maîtres

ne cèdent pas aux élèves qui voudraient franchir plusieurs figures et arriver plus tôt aux dessins d'ornements, dessins dont les détails sont plus amusants à copier. Les formes géométriques que nous avons rencontrées dans les chapitres précédents vont trouver à chaque instant leur application dans ce chapitre VIII.

133. — « L'*ornement*, au premier coup d'œil, semble un produit du caprice et de l'imagination ; mais il n'en est pas ainsi. Plus l'ornement se rapproche de la régularité géométrique, et plus, à notre insu, il produit une sensation agréable. Les formes fantastiques étonnent par leur nouveauté, mais ne plaisent généralement pas, ou plaisent peu de temps : on revient malgré soi aux formes pures et naturelles.

« La composition de l'ornement est devenue un art très-compliqué, qui reste le privilége d'un petit nombre d'artistes.

« Ce qui rend la composition des ornements si difficile, c'est l'alliance des règles et de l'imagination.

« Le goût seul peut diriger l'imagination dans ses écarts : l'artiste qui n'est pas guidé par un goût pur tombe dans le ridicule et dans l'extravagant. »

Il est nécessaire d'avertir que notre but n'a pas été de donner dans cette partie élémentaire un traité de dessin d'ornement, mais seulement de faire copier aux jeunes gens des dessins capables de former leur goût, de leur faire apprécier plus tard les beautés des monuments antiques, enfin de leur fournir des ressources, s'ils veulent s'exercer à la composition des ornements.

Pour composer l'ornement, il faut dessiner très-bien la figure, puisque cette branche du dessin, déjà si étendue, appelle encore à son aide les animaux, les figures mythologiques ou fabuleuses des faunes, des sylvains ; les masques hideux des théâtres grecs, et toutes les antiquités des anciens peuples.

Dans le cours méthodique destiné à l'enseignement plus avancé et à l'enseignement supérieur, nous donnons des modèles de mascarons, de chimères, de cartouches, de culs-de-lampes, de rinceaux compliqués.

134. — *Dessiner une rosace*, fig. 108. Pour dessiner cette figure avec facilité, l'élève décrira une grande circonférence, et au milieu une circonférence concentrique d'un diamètre quatre fois plus petit; il divisera ensuite la plus grande en six parties égales, en portant par la pensée six fois le rayon sur la circonférence, ce qui déterminera le sommet des six grandes feuilles. Le reste n'est plus qu'une copie fidèle des diverses parties de la rosace.

Vérification de la fig. 108. On vérifiera les circonférences au compas, on portera six fois le rayon sur la circonférence pour voir si les sommets des feuilles sont également espacés; les lignes ombrées doivent être bien senties, et le contour de toutes les feuilles dessiné sans roideur.

135. — *Dessiner des entrelas*, fig. 109. Nous aurions pu mettre les deux rosaces fig. 113 et 114, à la suite de la précédente; mais nous avons préféré faire dessiner auparavant des entrelas, dans lesquels la main doit s'exercer encore sur des lignes plus simples.

Les entrelas sont employés en petites dimensions dans les bordures d'étoffes pour meubles, et en grandes dimensions dans les décorations de salles publiques, de salles de spectacle, etc.

Sur une horizontale, qui doit contenir les centres des cercles concentriques, décrivez les cinq circonférences du tracé géométrique; pour dessiner régulièrement les feuilles d'eau, élevez une verticale qui passera par chacun des centres; placez une feuille dans chaque angle droit, et terminez par les détails. Nous avons donné dans le premier entrelas le tracé géométrique, dans le second la feuille d'eau simple; dans le troisième entrelas on trouve la feuille d'eau ornée et terminée.

Vérification de l'entrelas fig. 109. La vérification est toute géométrique. On mesurera les distances des centres : ces distances doivent être égales. On s'assurera au compas de la régularité des circonférences, de la division en quatre parties égales des cercles où se trouvent les feuilles d'eau.

Une des plus grandes difficultés consiste à faire tourner sans jarret les courbes qui forment l'entrelas, et qui passent successivement en dessus et en dessous.

136. — *Dessiner une coquille,* fig. 110. La coquille de la figure 110 est le peigne, que les pèlerins attachaient à leurs habits et à leurs chapeaux : elle sert d'habitation à un mollusque acéphale. Les *mollusques* sont des animaux mous, d'une organisation incomplète ; sans cerveau proprement dit, mais animés par des ramifications nerveuses. *Acéphale* veut dire *sans tête.*

La coquille fig. 110, est *bivalve,* c'est-à-dire composée de deux parties semblables, qui se joignent, s'ouvrent et se ferment comme par une charnière.

Pour dessiner cette figure, l'élève tirera une verticale, qui doit partager cette coquille en deux parties symétriques.

Vérification de la fig. 110. Du milieu de la coquille pris pour centre, on tracera une circonférence qui aidera beaucoup à faire remarquer le défaut de symétrie qui pourrait exister dans les détails.

137. — *Dessiner une corne d'Ammon,* fig. 111. Cette coquille, nommée *ammonite,* est *spirée,* c'est-à-dire en spirale, et *univalve,* c'est-à-dire composée d'une seule pièce. On appelle *spirale* une courbe qui, partant d'un point, s'en écarte sans cesse par des évolutions demi-circulaires.

Pour dessiner la figure 111, on décrira une circonférence dont le centre sera celui de la spirale ; de ce centre, nommé *œil,* on tirera les rayons que l'on voit sur le modèle, et on dessinera les volutes en allant du centre jusqu'à leur plus grand développement.

Vérification de la fig. 111. Le vérificateur décrira un

cercle, et examinera si les volutes s'écartent de plus en plus ;
il s'occupera du contour, qui doit être successivement clair et
ombré, pour imiter les sinuosités de l'ammonite.

138. — *Dessiner les enroulements*, fig. 112. Les enroulements sont très-employés dans la décoration des salles destinées à réunir une assemblée nombreuse. On s'en sert aussi,
mais dans de plus petites dimensions, pour les bordures de
papiers peints. Cet enroulement est d'un bon goût, car il est
tout à la fois riche et simple ; les fleurs, qui sont des margue-
rites, sont vues successivement sur les deux faces.

L'élève tracera deux cercles, qui l'aideront beaucoup à
dessiner les ornements.

Vérification de la fig. 112. L'attention se portera sur la
direction des courbes, qui doivent être tracées sans roideur ;
sur les fleurs, qui doivent tomber avec grâce, et sur les feuilles
d'ornement, dont les contours déliés doivent moins paraître le
résultat du travail que d'une grande facilité.

139. — Il faut bien faire comprendre aux élèves que, dans
l'ornement, la roideur géométrique doit être dissimulée sous
des formes élégantes qui ne sentent point l'effort. Les artistes
ont un mot qui rend parfaitement notre pensée ; ils disent :
*Dessiner avec sentiment ; il y a du sentiment dans cette esquisse,
dans ce contour :* et par là ils veulent faire entendre que ce
n'est pas au travail basé sur des règles ou sur certains principes que l'on doit la réussite ; que le succès est dû à un instinct, à un goût du beau, fruit d'observations souvent répé-
tées.

Malheureusement nous ne pouvons plus, comme dans les
premiers chapitres, guider nos élèves par des règles aussi
rigoureuses, et leur faire apprécier aussi exactement ce qui
n'est que gracieux, facile et simple. Tout ce que nous recommandons, c'est de tâcher de copier fidèlement les moindres
détails. Le goût du beau leur viendra insensiblement, s'ils
cherchent surtout à se rendre compte de ce qu'ils éprouvent.
Qu'ils comparent le modèle avec le dessin qu'ils ont tracé eux-

mêmes; qu'ils corrigent les inexactitudes, qu'ils regardent attentivement, et bientôt ils n'éprouveront que du plaisir à dessiner, parce qu'ils dessineront facilement.

140. — *Dessiner la rosace* fig. 113. Cette rosace, qui représente une marguerite, est d'un usage très-fréquent dans les arts, à cause de sa régularité et de sa simplicité.

On y reconnaîtra avec un peu d'attention un polygone régulier à douze côtés : cette figure géométrique en est le principe; quatre cercles concentriques, décrits du centre de la rosace, en détermineront les diverses parties. Le reste se dessinera avec le plus de précision qu'il sera possible.

Vérification de la rosace fig. 113. On suivra, pour la correction, les principes géométriques relatifs à l'hexagone régulier.

141. — *Autre rosace*, fig. 114. Cette rosace, un peu plus compliquée que la précédente, est d'un style élégant. Au centre, de très-petits cercles figurent un rang de perles.

On trouvera encore dans cette rosace le tracé géométrique de l'octogone. Quand les sommets des huit feuilles apparentes seront marqués, et qu'elles auront été dessinées, on tracera le rang circulaire de perles, et l'on terminera par les huit feuilles qui sont en dessous, et dont on n'aperçoit que les extrémités.

Vérification de la fig. 114. On tracera une circonférence sur laquelle se trouveront les sommets des feuilles, et deux autres qui comprendront les perles; la seconde circonférence servira de base aux feuilles. La régularité de la figure étant constatée, on examinera attentivement si rien n'a été omis, et si les contours sont mollement courbés.

CHAPITRE IX.

FEUILLES D'ORNEMENT.

———

142. — Quelques ornements s'éloignent un peu des formes géométriques; ils exigent principalement du goût et de l'adresse : tels sont les feuilles et les fleurons.

Dessiner une palmette, fig. 115. La palmette s'emploie rarement seule, mais elle surmonte avec grâce les enroulements et les bordures en rosaces.

Cette figure et les deux suivantes se composent de deux moitiés parfaitement symétriques, l'une à droite et l'autre à gauche.

Pour la dessiner, il faut donc élever une verticale, à l'extrémité supérieure de laquelle on dessinera la feuille du sommet; on dessinera les autres feuilles en descendant jusqu'à la base.

Vérification de la fig. 115. On élève une verticale qui divise la palmette en deux moitiés symétriques; on mesure au demi-mètre l'écartement des feuilles : elles doivent être égales deux à deux.

143. — *Dessiner une palme*, fig. 116. La palme, symbole des récompenses accordées aux divers genres de mérite, est plus allongée que la palmette; elle trouve sa place dans une foule de compositions du dessin d'ornement.

On élèvera une verticale; à son extrémité on dessinera la petite feuille du sommet, et on descendra vers la base, en groupant les autres feuilles à droite et à gauche sur la tige.

Vérification de la fig. 116. On vérifiera l'exactitude de la verticale, et on mesurera au demi-mètre l'écartement des feuilles symétriques.

144. — *Dessiner une feuille d'acanthe,* fig. 117. La feuille d'acanthe joue un rôle important dans les ornements d'architecture. Les chapiteaux de l'ordre corinthien sont enrichis de feuilles d'olivier; les chapiteaux de l'ordre composite sont ornés plus ordinairement de feuilles de persil.

On élèvera une verticale, comme dans les deux figures précédentes, et on dessinera la feuille en allant de haut en bas. On tâchera de donner aux découpures cette forme caractéristique qui distingue les masses de la feuille d'acanthe, et on tracera les lignes qui traversent les feuilles et qui représentent les nervures.

Vérification de la fig. 117. On élèvera une verticale au milieu de la figure, et l'on mesurera à la règle la largeur des feuilles en plusieurs endroits pour s'assurer qu'elles sont bien symétriques. Le mérite de ce dessin consiste dans une disposition large et moelleuse des feuilles, dont les découpures ne doivent être ni maigres ni trop régulières.

145. — *Dessiner un rais de cœur,* fig. 118. Cet ornement est très-employé dans les lignes courantes et dans les talons d'architecture. La fig. 118 ne représente que deux rais, mais on pourra en placer huit à la suite.

Vérification de la fig. 118. La vérification consistera à examiner si les rais de cœur sont également espacés et bien régulièrement dessinés. *Un rais de cœur* est un petit ornement en forme de cœur évidé.

146. — *Dessiner un rais de cœur,* fig. 119. Les rais de cœur sont de formes très-variées, et plus ou moins ornées. La fig. 119 en présente un modèle différent du précédent. Les élèves peuvent essayer d'en modifier la forme et d'en orner les talons dans les moulures de la septième planche.

Le dessin et la vérification de la fig. 119 reposent sur les mêmes principes que dans la figure précédente.

147. — *Dessiner un culot,* fig. 120. Le culot est un ornement qui sert de base et de support à une palmette et à d'autres ornements. Le bas du culot, fig. 120, est orné de rais de cœur, et le haut, d'une feuille d'acanthe recourbée.

Le culot n'est pas symétrique ; il faudra tracer une courbe, sur laquelle on dessinera la feuille de persil et les rais de cœur au-dessus.

Vérification de la fig. 120. Il faudra examiner si la copie est dans le même mouvement que le modèle, si les échancrures des feuilles sont faites dans la figure, et enfin si les rais de cœur tournent bien.

148. — *Dessiner un autre culot*, fig. 121. Ce culot sert de collier pour lier deux branches et dissimuler un raccord : au-dessus de l'anneau se trouvent des rais de cœur très-allongés ; ceux du dessous le sont moins.

Le dessin et la vérification de cette figure rentrent dans les explications précédentes.

149. — *Dessiner une feuille de chêne*, fig. 122. Ordinairement, quand on ne dessine qu'une ou deux feuilles d'un arbre, on a soin d'y joindre le fruit, pour faire cesser toute hésitation.

La feuille de chêne, fig. 122, est accompagnée de plusieurs glands.

Pour dessiner cette figure, on trace d'abord la nervure longitudinale qui traverse la feuille, et que l'on nomme *côte;* on trace ensuite les *nervures secondaires*, qui se trouvent à droite et à gauche de la côte. Il est alors bien plus facile de dessiner les contours dentés de la feuille, la queue ou *pétiole*, et les glands.

Vérification de la fig. 122. L'attention de celui qui corrige doit se porter successivement sur les côtes, sur les nervures, sur les découpures de la feuille, sur les glands, et avant tout sur la pose de la feuille, qui doit représenter à l'œil la rigidité du parenchyme. On nomme *parenchyme* le tissu vert de la feuille. On doit comprendre, en jetant les yeux sur ce dessin, que la feuille n'est pas molle et qu'elle ne cède pas au souffle du vent.

150. — *Dessiner une branche de laurier*, fig. 123. Cette branche se compose de cinq feuilles, dont l'une est cachée en partie.

Le bord de la feuille est légèrement ondulé, sans dentelures ou dents, comme dans la feuille de chêne. La direction de la côte et des nervures indique encore à l'œil une feuille dont le parenchyme est roide et présente un tissu serré et résistant.

Pour dessiner cette figure, on tracera la côte de la grande feuille et le rameau ; on indiquera également les côtes, puis les nervures, puis les contours de chaque feuille.

Vérification de la fig: 123. Les côtes sont presque droites ; cependant elles ont un peu de mouvement. On examinera successivement les feuilles, la branche et le fruit.

151. — *Dessiner une branche d'olivier*, fig. 124. Cette branche d'olivier se compose de petits rameaux, de fruits et de feuilles. Nous l'avons faite à dessein plus compliquée que les deux précédentes.

L'élève indiquera par trois lignes qui viennent se réunir dans le bas de la direction des trois principaux rameaux ; de simples lignes indiqueront ensuite la direction des feuilles. Quand ces principales indications seront faites, on commencera à dessiner les trois feuilles qui forment le groupe le plus haut, et l'on redescendra ainsi jusqu'au bas, en dessinant chaque groupe l'un après l'autre.

Vérification de la fig. 124. Avant de corriger les détails, on examinera soigneusement si la pose de la feuille est la même que celle du modèle. Si l'ensemble paraît satisfaisant, on passera aux détails de chaque groupe de feuilles. On remarquera si l'élève n'a pas donné aux olives une forme trop régulière.

Les feuilles que nous offrons comme modèles sont d'un emploi fréquent dans le dessin d'ornement. Tout le monde sait que le chêne et le laurier sont les symboles du courage et de la victoire. Le chêne est plus spécialement un symbole du courage civil.

L'olivier est un emblème de paix.

Il faut suivre, pour le dessin de ces trois figures, un système contraire à celui que nous avons indiqué jusqu'ici.

La symétrie et la régularité, que nous avions tant recommandées, deviennent des défauts dans le dessin des feuilles et des branches d'arbres. On doit éviter avec soin les lignes droites, les espaces égaux, les répétitions des mêmes formes et des mêmes sinuosités, comme on peut le voir dans les fig. 122, 123 et 124. La roideur surtout est ce qu'il faut craindre le plus : car, dans la nature, il y a un moelleux, un abandon plein de grâce, que les artistes habiles parviennent seuls à imiter.

152. — *Dessiner un ornement en losange*, fig. 125. On tracera une losange allongée : l'intersection de l'horizontale et de la verticale déterminera le centre d'où l'on décrira les deux circonférences concentriques, autour desquelles on dessinera les feuilles d'eau et les feuilles d'acanthe.

Vérification de la fig. 125. Cette figure est symétrique. On vérifiera la losange comme dans la fig. 13, et les deux circonférences au compas; on décrira une troisième circonférence, qui doit envelopper exactement les feuilles d'eau.

CHAPITRE X.

MODÈLES TIRÉS DU MUSÉE DES MONUMENTS ANTIQUES POUR LA COMPOSITION DE L'ORNEMENT.

153. — *Dessiner l'enroulement riche,* fig. 126. Cette figure offre deux enroulements opposés, terminés de part et d'autre par un griffon.

Le griffon est un animal mythologique, c'est-à-dire consacré dans l'histoire de la Fable. Cet animal fabuleux est formé des parties les plus opposées. La tête et les ailes appartiennent à l'aigle, les oreilles au cheval, la crinière et les pieds au lion.

Nous avons été très-réservé, dans cette Partie élémentaire, pour les modèles qui renferment des parties d'animaux, telles que griffes, serres, etc. Nous n'en offrons qu'un très-petit nombre, et seulement quand ils sont indispensables. Dans un traité élémentaire de dessin linéaire, les élèves doivent s'attacher surtout à représenter les formes géométriques simples et ornées. Ce serait leur supposer des études précédentes dans le dessin académique, que de leur offrir à copier des animaux ou des figures de satyres, de faunes et de chimères.

Dans le cours méthodique supérieur, on trouvera tout ce que nous n'avons pas donné dans cette première Partie.

Pour dessiner la fig. 126, on tracera une verticale sur laquelle doit se trouver la corbeille de fruits. On y remarque un ananas, un citron, un coing, une poire, du raisin, etc., etc. De chaque côté on dessinera un cercle divisé en quatre parties égales, pour les feuilles d'eau; on y rattachera, par un enroulement terminé en feuille d'acanthe, le corps du griffon, dont on dessinera successivement les ailes, la tête, les pieds, les griffes.

Vérification de la fig. 126. On décrira deux circonférences qui correspondront aux rosaces. On s'assurera si la figure est divisée exactement en deux parties égales, et l'on corrigera successivement toutes les parties de cette figure compliquée.

Si l'on trouvait qu'elle fût trop longue à dessiner dans une séance, on n'en ferait copier qu'une partie seulement.

154. — *Dessiner un caducée,* fig. 127. « Le caducée est un attribut du dieu Mercure dans la mythologie. On raconte que Mercure, ayant trouvé sur son chemin deux serpents qui se battaient, leur opposa la baguette qu'il tenait à la main, et qu'à l'instant ils s'y entrelacèrent.

« Le caducée devint un symbole d'union et de concorde, et les hérauts (espèces d'officiers civils dont les fonctions principales étaient de déclarer la guerre ou d'offrir la paix) chargés de missions pacifiques auprès des peuples ennemis, portaient un caducée à la main, pour prouver qu'ils n'avaient aucune intention hostile.

« On désigne le commerce par un caducée, parce que la prospérité du commerce repose sur la paix et sur la confiance. »

On élèvera une verticale qui servira à dessiner le corps du caducée; à l'extrémité supérieure on décrira une petite circonférence; on dessinera au-dessous les ailes. Les serpents forment des arcs de cercle qui passent alternativement en dessus et en dessous de la baguette. La tête est la partie la plus difficile, à cause de la ressemblance qu'il faut tâcher d'obtenir. La moindre courbure fausse dans le trait en fait à l'instant des têtes d'oiseaux ou des têtes difformes qui n'appartiennent plus à aucun animal.

Vérification de la fig. 127. On s'assurera si la verticale est régulière, et l'on mesurera les deux moitiés symétriques. On examinera successivement le culot sur lequel repose le petit globe qui termine le caducée, les ailes et leurs divisions, les têtes des serpents, et les circonvolutions de leurs corps autour du caducée.

155. — *Dessiner un thyrse*, fig. 128. « Le thyrse était, chez les anciens, un javelot entouré de pampre et de grappes de raisin, ou de feùilles de lierre.

« Les prêtres et les prêtresses de Bacchus, dieu du vin et de la vendange chez les païens, portaient des thyrses dans les cérémonies.

« On ne fait usage aujourd'hui de cet ornement que pour décorer les boutiques de marchands de vin, ou les rideaux de certaines salles de spectacle. Autrefois on l'employait dans une foule de monuments, comme on peut le voir dans ceux de la galerie des Antiques. »

Le thyrse de la fig. 128 est surmonté d'une pomme de pin et entouré de branches de lierre.

Pour le construire, on élève une verticale qui passe par le milieu du thyrse; on dessine la pomme de pin, et l'on trace la courbe que décrit la branche de lierre; on n'a plus qu'à placer les feuilles sur la tige et à terminer les détails.

Vérification de la fig. 128. On s'assurera de l'exactitude de la verticale, et, après avoir corrigé la pomme de pin, on verra si la branche de lierre circule librement et sans roideur, si les feuilles se rattachent bien à la branche, et si les nœuds du bâton sont bien indiqués.

156. — *Dessiner un tympanum*, fig. 129. « Le *tympanum* ou *tympanon* des Romains, que nous nommons tambour de basque, était, ce qu'il est chez nous, un cercle de bois ou de métal, sur lequel on tendait une peau, que l'on frappait avec les mains ou avec des baguettes. »

On trouve cet instrument dans les monuments antiques consacrés à Cybèle et à Bacchus; on croit que sa forme faisait allusion à la rondeur de la terre.

Autour sont attachés de petits disques de cuivre et des grelots qui retentissent quand on frappe le tympanum.

C'est un ornement employé dans la décoration des salles de bal ou de spectacle.

La construction de cette figure est presque toute géométrique : c'est une circonférence divisée en six parties égales, autour de laquelle sont placés six arcs de petites circonférences.

Vérification de la fig. 129. Toutes les parties de cette figure se vérifient au compas et à la corde. Les grelots supérieurs ne tombent pas comme les inférieurs. Un ruban ondé donne de la grâce au tympanum.

157. — *Dessiner une rosace très-riche*, fig. 130. Cette rosace est d'une grande richesse de détails, mais aussi d'un travail assez compliqué. Elle exercera utilement les élèves.

On trouve les circonférences concentriques qui doivent contenir les huit grandes feuilles d'acanthe séparées par des culots à feuilles renversées ; au-dessous se trouvent huit feuilles à nervures et à ourlet qui se contrarient avec les grandes feuilles. Le centre se compose d'un cercle de huit feuilles arrondies et de huit feuilles d'eau à bords repliés.

Vérification de la fig. 130. On emploiera les procédés de la fig. 56. Il est indispensable de donner une grande attention aux détails, qui sont nombreux et très-variés, ainsi qu'à la pureté des contours. On peut dessiner cette rosace dans une proportion plus grande : l'effet n'en sera que plus agréable, parce que les détails seront mieux développés. Si l'on voulait la représenter quatre fois plus grande, il suffirait de doubler le diamètre.

158. — *Dessiner une lyre antique*, fig. 131. « La lyre antique était un instrument à cordes que l'on pinçait avec les doigts, ou que l'on touchait avec un archet. Apollon, dieu de la poésie, était souvent représenté tenant une lyre à la main. »

Celle que nous offrons dans la fig. 131 est tirée du Musée des monuments antiques.

On élèvera une verticale qui divisera la lyre en deux moitiés symétriques ; on tracera les horizontales de la base et de la traverse, et on dessinera ensuite le corps de la lyre, son pied et les ornements, tels que feuilles et enroulements.

Vérification de la lyre, fig. 131. La figure est symétrique : on s'assurera donc si la verticale passe exactement au milieu de la lyre, et si les courbes sont parfaitement semblables.

On vérifiera aussi les feuilles d'acanthe, qui sont d'un style large, malgré leur peu d'étendue.

159. — *Dessiner une flûte antique*, fig. 132. La flûte antique était le plus souvent à deux corps : on l'appelait flûte double. La partie droite donnait les sons aigus, la partie gauche les sons graves servant d'accompagnement et de basse aux premiers. Les chanteurs se faisaient accompagner par des joueurs de flûte, qui marquaient la mesure et soutenaient la voix.

Il est inutile de dire que l'élève doit tracer des obliques de droite à gauche, et de gauche à droite, pour former les deux corps de flûte, et qu'il ne lui restera plus qu'à terminer le haut de l'instrument par une embouchure, c'est-à-dire par la partie de la flûte où l'on applique la bouche et les lèvres; à dessiner quelques ornements, ainsi que les ouvertures que fermaient à volonté les doigts des musiciens.

Vérification de la fig. 132. On tracera une verticale et deux obliques également écartées. On vérifiera ensuite les détails de l'instrument.

160. — *Dessiner un casque romain*, fig. 133. Ce casque est tiré d'un beau tableau de David, *l'Enlèvement des Sabines :* c'est le casque de Romulus, chef ou roi des Romains, combattant Tatius, roi des Sabins. Ce casque est orné d'un panache terminé par une queue de cheval; sa forme est tout à la fois simple et gracieuse.

L'élève peut décrire un cercle et y placer son casque de manière que le panache s'appuie sur la circonférence. Il retranchera du cercle les parties qui seraient trop arrondies pour appartenir à la courbe du sommet de la tête. Il finira par les torsades et les autres ornements.

On pourra dessiner le casque sans tracer préalablement une

circonférence. La courbe du casque n'est pas géométrique, et nous ne pouvons pas donner un procédé géométrique pour la tracer régulièrement.

Vérification de la fig. 133. L'attention de celui qui corrige se portera d'abord sur la courbe du casque et sur la forme du panache; il corrigera ensuite les ornements, torsades et enroulements. On peut également décrire un cercle qui facilite la découverte des erreurs.

161. — *Dessiner une épée romaine,* fig. 134. Cette épée romaine est d'une grande simplicité. On y remarque deux palmettes et des ornements appelés *clous.* La poignée est sans garde, et le fourreau est arrondi : cette disposition était peu favorable pour une arme militaire.

La verticale que l'on élèvera divisera l'épée en deux parties symétriques : c'est une figure assez simple.

Vérification de la fig. 134. Cette figure n'est pas compliquée; cependant il faut un peu de soin pour en dessiner tous les détails. On examinera le pommeau, la torsade de la poignée et les ornements du fourreau, les palmettes, le losange et les clous.

162. — *Dessiner un bouclier,* fig. 135. Le bouclier était une arme défensive que les anciens passaient à leur bras gauche au moyen de courroies. Il avait des formes très-différentes : tantôt il était rond, tantôt il était ovale, tantôt il était un carré long. Celui de la fig. 135 est de forme elliptique ou ovale, ayant au centre une patère avec rosace à huit feuilles. Des feuilles d'acanthe servent de soubassement à la foudre, symbole de la guerre et de ses fureurs.

« La foudre, dans la Mythologie, était une arme ailée dont les poëtes armaient Jupiter. Les Cyclopes, sous la direction de Vulcain, forgeaient la foudre dans l'île de Lemnos. Chaque foudre contenait trois rayons de grêle, trois rayons de pluie et trois de vent. Les Cyclopes y mettaient les éclairs, le bruit et la terreur. On représente la foudre avec des ailes, pour indiquer la promptitude de ses coups. »

La foudre et les éclairs sont employés dans l'ornement comme symbole guerrier.

L'élève tracera une ellipse, dessinera les deux autres ellipses semblables, la rosace, les feuilles d'acanthe, les culots, les ailes, les foudres et les éclairs; il tracera aussi les clous qui attachent le bord extérieur; il les distribuera à des distances égales autour du bouclier.

Vérification de la fig. 135. On vérifiera l'ellipse d'après les règles données par la fig. 62; on examinera si tous les ornements sont bien exécutés et disposés avec goût. Les douze grands clous qui entourent le bouclier doivent être faits avec soin : chacun d'eux est composé de trois circonférences concentriques.

163. — *Dessiner un carquois*, fig. 136. « Le carquois et les flèches étaient l'attribut de plusieurs divinités de la Fable. »

Une verticale divisera le carquois en deux moitiés symétriques. Les flèches, les feuilles, l'anneau, les petits enroulements, doivent être dessinés légèrement et sans dureté.

Vérification de la fig. 136. La forme de cette figure est très-simple, mais les détails exigent du soin; il faudra les vérifier attentivement. On tracera avec netteté les rosaces elliptiques au-dessous des flèches, les feuilles d'eau allongées, les enroulements et le bas du carquois orné et fortifié de feuilles longues, et terminé par une petite sphère.

164. — *Dessiner un flambeau*, fig. 137. « Le modèle de flambeau que nous offrons ici était un symbole dans les cérémonies religieuses des anciens; on le retrouve dans une foule de monuments. »

Les deux emblèmes ci-dessus sont souvent employés dans les fêtes et dans les peintures de décors : c'est ce qui nous a engagé à les donner dans notre Atlas. Ils n'offrent d'ailleurs aucune difficulté dans l'exécution. La vérification consiste plutôt dans l'examen des détails d'ornement que dans les lignes à tracer.

Vérification de la fig. 137. On tracera une verticale qui

divisera le flambeau en deux moitiés symétriques. Les plis ondés du ruban qui entoure le flambeau doivent être dessinés sans dureté et de manière à imiter une étoffe flottante.

165. — *Dessiner un vase grec*, fig. 138. Les cinq figures qui remplissent la partie supérieure du quatorzième tableau sont toutes symétriques, c'est-à-dire qu'au moyen d'une verticale on les sépare en deux moitiés égales, mais en sens inverse. Cette observation est très-importante pour le dessin des figures symétriques, et contribue à leur donner cette exactitude qui en fait le principal mérite. Dans les arts, on ne trace que la moitié d'une figure symétrique, et en la repliant sur elle-même au moyen d'un papier transparent, on dessine très-fidèlement l'autre moitié.

Les contours des vases sont très-difficiles à rendre purement; le moindre changement dans le contour rend les vases lourds, ou grêles, ou disgracieux. C'est une expérience que chaque élève fera à son tour; mais si l'on ne se décourage pas, si l'on efface plusieurs fois un trait irrégulier, on arrivera à rendre ces belles lignes qui donnent tant de prix aux vases grecs.

Le couvercle du vase de la fig. 138 est surmonté par un bouton composé de graines et orné de feuilles : il se compose d'une doucine très-allongée, d'un petit filet et d'une baguette.

On trouve dans le pied du vase une petite baguette entre deux filets, une doucine renversée presque droite, un quart-de-rond, une scotie coupée par une baguette appuyée sur un filet, et une moulure carrée.

Le dessin et la vérification de la fig. 138 exigent du soin, du goût et de l'attention.

166. — *Dessiner un vase*, fig. 139. Ce vase est d'une forme agréable; ses proportions plaisent à l'œil; aussi l'emploie-t-on avec des ornements très-variés. Dans les arts, on s'en sert dans toutes les dimensions, en bronze, en pierre, en marbre, en albâtre, en plâtre, en bois, en porcelaine, en cristal.

Le haut du vase se compose d'un filet et d'un quart-de-rond; le fond du vase est une moitié d'ellipse. Le pied se compose d'un quart-de-rond entre des filets, d'une baguette entre filets, d'une partie inférieure de scotie, d'un filet, d'une baguette, d'un tore et d'un socle.

167. — *Dessiner le vase à anses* fig. 140. Ce vase est de forme grecque; il est fermé par un couvercle surmonté d'un bouton à cannelures : on y trouve une doucine très-allongée et un filet. Les deux anses, à cannelures, sont terminées inférieurement par deux pommes de pin. Le fond du vase est décoré d'un double rang de feuilles en saillie.

Le pied se compose d'un filet, d'un quart-de-rond, d'une scotie, d'un quart-de-rond entre deux filets, et d'un petit socle.

168. — *Dessiner le candélabre antique* fig. 141. Ce candélabre, qui servait d'ornement, est d'une grande richesse d'exécution. On pourra le dessiner dans une proportion double de hauteur : les détails n'en seront que mieux rendus.

Le haut du candélabre représente une coupe avec une flamme au milieu : on y reconnaît un quart-de-rond surmonté d'un filet, et au-dessous un cavet très-allongé; le fond de la coupe est décoré de feuilles. Le pied se compose d'une baguette entre deux filets et d'un quart-de-rond servant de socle.

Le candélabre se trouve divisé en deux parties par une scotie; la partie supérieure se subdivise elle-même en deux parties distinctes, terminées toutes les deux par des feuilles allongées dont le second rang est caché en partie. Le quart-de-rond le plus haut est couvert de rais de cœur; le second quart-de-rond qui surmonte la scotie est sans ornement pour laisser valoir la richesse du socle. Le socle est composé de palmes placées sur une baguette qui les sépare de feuilles d'acanthe renversées. Le candélabre est soutenu par trois pieds ornés de palmes et d'enroulements : le tout repose sur deux marches servant de soubassement.

Dans la disposition de la figure on ne voit que deux pieds;

le troisième est caché derrière. Les pieds sont terminés par des sabots doubles de ruminants.

169. — *Dessiner le candélabre moderne* fig. 142. Nous avons placé un candélabre moderne en opposition avec le précédent, pour que l'on puisse former son jugement par la comparaison. Le candélabre de la fig. 142 est tout à la fois un objet de décor et un objet d'utilité ; il est terminé dans le haut par trois bras entourant une bobèche élégante : on peut donc y placer quatre bougies.

La fig. 142 se compose d'une colonne, de son chapiteau, de sa base et de son piédestal triangulaire. Ce n'est pas là une colonne architecturale, mais une colonne disposée pour l'ornement, et dans laquelle on n'observe ni les proportions ni les moulures régulières.

On fera bien de copier la fig. 142 dans une proportion double de hauteur. La bobèche du haut est en forme de coupe avec filet, quart-de-rond, cavet allongé, moitié d'ellipse pour le fond ; et au-dessous, filet, scotie, filet, quart-de-rond, feuilles d'ornement, doucine renversée, moulure plate, et deux culots portés sur un enroulement orné de rosaces, et se rattachant aux deux branches placées sur deux autres culots et terminés par des quarts-de-ronds et des filets.

La colonne est ornée de *feuilles de lotus* retombantes ; elle est séparée de la base par une baguette entre deux filets, appuyée sur des feuilles de lotus renversées.

Le piédestal, dont on n'aperçoit qu'une des faces, est orné de filets et d'un cadre, et porté sur deux pieds armés de griffes et surmontés de feuilles d'acanthe et d'enroulements : le tout est placé sur un soubassement.

Les deux fig. 141 et 142 exigent dans leur exécution et leur vérification beaucoup de soin. Nous recommandons aux élèves d'être bien exacts dans les mesures qu'ils prendront pour doubler toutes les proportions.

170. — *Dessiner un siége*, fig. 143. Ce siége, nommé pliant, est sans bras ni dossier ; il est emprunté aux anciens,

et adopté aujourd'hui pour certains appartements destinés à la conversation, tels que les *boudoirs* et les *parloirs*. Sa forme est gracieuse et commode, et l'on y est bien assis. On adapte quelquefois un dossier à ces pliants, on ajoute même deux bras; mais c'est une innovation qui nous semble malheureuse quant à la forme.

L'élève tracera des arcs de cercle opposés et tangents, qui serviront à construire les pieds du pliant. La ligne du haut est légèrement creusée en arc. On terminera en dessinant les petites sphères à l'extrémité des pieds, les ornements, et la frange qui retombe sur une partie des arcs supérieurs.

Vérification de la fig. 143. On vérifiera au compas les arcs de cercle qui forment les pieds du pliant; on examinera ensuite les franges du siége.

171. — *Dessiner une lampe antique*, fig. 144. Cette lampe est d'une forme simple; l'anse est figurée par un serpent, qui était un emblème de la prudence et du mystère; le couvercle est surmonté d'un gland.

Le couvercle de cette lampe se compose d'un gland de chêne, d'une doucine allongée, d'un filet et d'un quart-de-rond.

Le pied se compose d'un filet, d'une doucine allongée, d'un filet, d'une baguette et d'une plate-bande.

On vérifiera la courbe de l'anse et la tête du serpent.

172. — *Dessiner une lampe athénienne*, fig. 145. Cette lampe est simple dans son contour. L'anse, ornée d'une rosace, est du meilleur goût. Le couvercle, déprimé, est presque à fleur du corps de la lampe. Ce modèle grec est adopté aujourd'hui par les lampistes, qui l'ont transformée en *veilleuse*, ou petite lampe de nuit.

Le pied de cette lampe se compose d'un filet, d'une doucine et d'une plate-bande. Il faut corriger avec soin la courbe de l'anse, la rosace, et les fleurs surmontées d'un bouton qui ornent le couvercle.

CHAPITRE XI.

VASES ET TOMBEAUX.

---

173. — *Dessiner le vase étrusque de la* fig. 146. Ce vase est d'une forme très-élégante ; les ornements consistent en lignes courantes circulaires, en petits enroulements, en feuilles minces et en feuilles arrondies. Les anses, doubles, et liées par quatre petites patères ou clous qui servent à les consolider, sont d'une légèreté remarquable.

Ce vase a la forme ovoïde, c'est-à-dire qu'il ressemble à un œuf posé sur un pied dont les moulures s'éloignent de la régularité architecturale. Le col du vase est très-gracieux.

Les vases étrusques sont très-estimés à cause de leur élégance, et très-recherchés par les amateurs. Ils sont ornés, dans les plates-bandes du milieu, de dessins et de figurines en noir, qui ressortent parfaitement sur la couleur rouge du vase. Nous avons retranché les figurines, qui auraient rendu trop difficile l'exécution de la fig. 146.

174. — *Dessiner l'aiguière* fig. 147. Cette aiguière, ou vase à mettre de l'eau, est de forme antique. Plusieurs de nos arts industriels en ont emprunté le galbe aux anciens. Ainsi l'aiguière fig. 147, s'exécute en argent, en vermeil, c'est-à-dire en argent doré, en bronze, en cristal et en porcelaine.

L'anse de l'aiguière est élégante et hardie ; elle est ornée d'un culot, et à l'autre extrémité de feuilles d'acanthe : le corps est orné de feuilles allongées et d'enroulements. Les moulures du pied ne sont pas régulières ; mais elles conviennent parfaitement à ce vase, d'une forme gracieuse et svelte.

Cette figure, dessinée dans une proportion double de hauteur, est très-agréable à l'œil, et les ornements en sont plus faciles à exécuter.

175. — *Dessiner un vase antique*, fig. 148. Ce vase appartient au Musée royal des monuments antiques ; il était employé dans les cérémonies sacrées. Il est connu sous la dénomination de *vase de basalte :* nous lui avons ôté quelques ornements trop riches pour notre ouvrage. Entre les deux anses se trouvaient trois têtes avec du lierre dans les cheveux ; elles étaient séparées par des fragments de thyrse attachés avec des nœuds. On en peut conclure que ce vase appartenait à un temple de Bacchus, ou du moins qu'il était employé dans les Bacchanales.

Le bord supérieur, et celùi du pied, sont composés d'oves. La base du pied est formée de rais de cœur. Les anses de ce vase sont faites de deux branches entrelacées et ornées.

On remarquera dans les moulures le filet, la scotie, un second filet, une doucine renversée et un listel.

176. — *Dessiner la soupière* fig. 149. En regard du vase de basalte, aux formes sévères, nous avons placé par opposition une soupière moderne, d'un dessin élégant, et que nous avons vue exécutée en vermeil dans les magasins d'un des plus habiles orfèvres de Paris.

Le couvercle se compose d'un bouton en forme de gland, entouré à sa base de feuilles d'eau allongées. Au-dessous se trouvent quatre rangées d'écailles, puis de petites rosaces.

Le corps de la soupière se compose d'une ligne d'oves et de feuilles de lotus allongées, doubles, façon rais de cœur. Les anses, cannelées, sont terminées par des culots qui viennent s'adapter à des rosaces terminées en rais de cœur.

Il est facile de remarquer que l'on n'aperçoit que la moitié de chaque anse, l'autre moitié se trouvant derrière, et que la partie de l'anse que l'on saisit pour servir la soupière n'est pas vue dans la figure, et se trouve cachée sous la partie la plus grosse de l'anse.

Le pied se compose d'un quart-de-rond formant saillie, et couvrant une rangée de feuilles retombantes. Les feuilles ont pour soubassement un filet. La base contient un filet, une doucine, un filet et un listel.

Le dessin de tous ces ornements exige du goût et de l'élégance. On pourra lui donner une proportion double en hauteur pour bien développer les détails d'ornement.

177. — *Dessiner le vase de la* fig. 150. Nous avons donné à ce vase une grande dimension, pour que les élèves puissent y reconnaître plus facilement les moulures, et dessiner plus exactement les ornements, qui échappent à l'attention quand ils sont très-petits.

Quand la ligne de contour sera purement tracée, les élèves dessineront les anses ornées de rosaces, les oves, les trèfles et les feuilles. La guirlande qui va d'une anse à l'autre est d'un joli effet.

Le corps du vase est orné d'enroulements attachés par une rosace formée de quatre feuilles d'eau retombantes ; il est terminé par des feuilles arrondies, qui s'appuient sur une baguette, et qui se réunissent à la base sur le pied du vase, composé d'un filet, d'une baguette, d'un filet, d'une scotie, d'un filet, d'une doucine, d'un filet, d'un quart-de-rond et d'un listel.

La doucine est revêtue d'un rais de cœur, et le quart-de-rond de feuilles analogues aux oves.

On peut donner ce vase comme sujet de composition.

178. — *Dessiner le tombeau de la* fig. 151. Ce tombeau, de forme antique, est adopté de nos jours, et beaucoup de tombes modernes sont construites dans cette proportion. Simple, de bon goût, il est facile d'en augmenter ou d'en diminuer les ornements. Celui que nous donnons comme modèle a une guirlande, une couronne et des coins sculptés ; nous n'avons fait qu'indiquer le support. Une doucine placée sur une plate-bande doit soutenir le tombeau. Le défaut d'espace nous a empêchés de compléter cette figure ; mais les élèves

auront soin de ne pas oublier la doucine et la moulure carrée au-dessous.

La couronne de laurier que nous avons placée comme ornement, et qui est attachée avec des bandelettes flottantes, peut trouver place dans beaucoup d'occasions : elle est un symbole de victoire pacifique dans les lettres ou dans les arts ; elle peut servir également de symbole à un mérite éminent dans les carrières politique, administrative ou judiciaire.

La guirlande, soutenue par trois patères, et attachée avec des bandelettes, se compose de fleurs et de fruits : on y voit des glands, des pommes de pin, des poires, des grenades ouvertes ; les deux cadres sont destinés à inscrire les noms des deux personnes enfermées dans le même tombeau.

On voit au Père-Lachaise, cimetière de Paris, des tombeaux qui, par la beauté des contours, la richesse des ornements et la valeur des matériaux, sont de véritables monuments d'architecture. L'illustre sculpteur Canova a prêté le talent de son ciseau à la décoration d'un magnifique tombeau en marbre, objet d'admiration pour les étrangers qui viennent visiter le Père-Lachaise.

179. — *Dessiner le tombeau de la* fig. 152. Ce tombeau est beaucoup plus riche en ornements que le précédent ; les coins sont des torches funéraires où viennent s'attacher les extrémités de la guirlande qui encadre l'épitaphe.

Ce tombeau est surmonté d'une couronne de chêne, avec bandelettes : deux rosaces en patères terminent deux rouleaux cylindriques, dont on n'aperçoit que l'extrémité.

La doucine est ornée de feuilles, surmontée d'un listel, et appuyée sur un filet.

Les torches funéraires sont appuyées sur un culot renversé, qui repose sur un petit socle.

La base se compose d'un orle, d'un filet, d'une doucine renversée, d'un filet, d'une baguette et d'une plate-bande.

La fig. 152 peut être employée pour une tombe riche ; exécutée en marbre blanc, elle est d'un bel effet : elle rappelle

les tombeaux des anciens, destinés à recevoir les urnes funéraires où l'on déposait les cendres des morts. On sait que les
Grecs et les Romains brûlaient les cadavres des morts sur des
bûchers, et en recueillaient religieusement les cendres.

CHAPITRE XII.

APPLICATION DES ORNEMENTS A QUELQUES OUVRAGES
DE CONSTRUCTION.

180. — Les *rampes d'escalier* sont liées à la première marche par un *pilastre* (pilier orné). Ce pilastre est surmonté ordinairement d'un *couronnement* en cuivre. Les piliers des portes cochères des maisons de campagne sont terminés par le même couronnement, d'une grande dimension, en bronze ou en plâtre.

On peut appliquer ces couronnements à beaucoup d'objets d'art de petites dimensions.

181. — *Dessiner un couronnement en forme de vase*, fig. 153. On pourra faire dessiner ce vase en grand, mais alors il faudra lui donner plus d'ampleur au ventre; sans cela les proportions paraîtraient maigres. Le pied est orné de moulures. On y trouve un filet, un quart-de-rond, une scotie, un filet, une baguette et un socle.

182. — *Dessiner un couronnement en forme de gland*, fig. 154. On trouve dans cette figure la courbe du gland (assez semblable à celle de l'œuf), la gaîne inférieure du gland, et quelques moulures, un filet, un quart-de-rond, une scotie et un socle.

183. — *Dessiner un couronnement en pomme de pin*, fig. 155. Cette forme de pomme de pin n'est pas tout-à-fait celle de la nature; mais les artistes l'ont modifiée en lui donnant plus de rondeur. Elle est appuyée sur un culot en corolles. On y remarque un filet, un quart-de-rond, une scotie, un filet, une baguette et un socle.

184. — *Dessiner une boule placée sur son piédouche,* fig. 156.
On trouve dans les moulures du piédouche, un filet, un
quart-de-rond, une scotie, un filet, un tore et une plinthe.

Le piédouche est une base avec moulures.

185. — *Dessiner une grille terminée en fers de lance,* fig. 157.
Les grilles de fer sont composées de barreaux ronds, maintenus par des traverses dans lesquelles ils entrent, et terminées par des ornements qui servent en même temps de défense.

La fig. 157 représente une portion de grille terminée en
fers de lance. Ces fers de lance sont pointus à leur extrémité,
pour empêcher de franchir la grille.

186. — *Dessiner une grille terminée en pomme de pin,*
fig. 158. Cette espèce de grille, assez jolie quand les pommes
de pin sont dorées, convient spécialement à la décoration extérieure des boutiques de marchands de vin.

187. — *Dessiner une grille terminée en culots à pointe,*
fig. 159. Cet ornement représente une pointe entourée, à la
base, d'une espèce de feuilles en forme de culots. Cette grille
est d'un bel effet; elle est destinée à des bâtiments publics;
elle sert en même temps de défense et d'ornement.

188. — *Dessiner une grille terminée en culot,* fig. 160. Les
grilles à culots sont plus riches encore que les précédentes;
elles sont très en vogue aujourd'hui, et cependant elles sont
moins propres à servir de défense.

189. — *Dessiner une grille en fers de pique,* fig. 161. Cette
grille, de forme ancienne, est encore fort jolie, surtout quand
les fers de pique sont dorés.

Les grilles pour devantures se payent 90 fr. les 50 kilogrammes, les ornements comptés à part.

190. — *Dessiner une rampe d'escalier,* fig. 162. Cet escalier est dit *à l'anglaise.* Son mérite consiste dans l'élégance
et la légèreté. Ce genre d'escalier est très en usage dans les
constructions modernes, parce qu'il ne charge pas les gros

murs, et n'exige pas des masses de charpente, comme les anciens escaliers.

Le maître pourra changer le couronnement et choisir parmi les fig. 154 et 155.

191. — *Dessiner une grille de jardin,* fig. 163. Les châssis du haut et du milieu sont des carrés ; les châssis du bas sont des rectangles plus hauts que larges, également croisés avec boutons. La grille est surmontée de culots à pointe ; elle est solide et élégante, et convient à de riches maisons de campagne. Les pilastres qui servent d'appui à la grille sont surmontés de vases ou d'autres ornements. On pourra y faire placer les couronnements fig. 153, 154, 155 et 156.

192. — *Dessiner une grille de galerie,* fig. 164. Cette grille est riche de détails et d'ornements. Les ornements sont en cuivre doré, ou en couleur vert antique. Elle convient à un palais ou à un château, comme grille de galerie ou de chapelle.

CHAPITRE XIII.

MODÈLES DE BALUSTRES ET DE MAISONS.

193. — *Dessiner un balustre et une portion de balcon,* fig. 165. Les balcons de croisée et les terrasses sont appuyés sur des *balustres.* Ce genre de décoration est destiné à de belles maisons.

Le balustre n'est pas un ordre régulier d'architecture : car on peut, selon l'espace dont on dispose, lui donner des formes plus ou moins élancées. Il faut convenir même que le renflement trop fort que l'on avait adopté pour les balustres les rendait massifs et peu agréables à l'œil. Le diamètre de renflement ne doit jamais excéder le tiers de la hauteur du balustre; mais il produit un meilleur effet quand il n'est que le quart de cette hauteur.

Le premier balustre, dans les fig. 165 et 166, indique la construction géométrique qu'il faut suivre pour diminuer les difficultés de ce genre d'ornements.

Nous ne comprenons pas très-bien pourquoi les balustres ont été attaqués et le sont encore par des architectes et des ingénieurs : le Louvre, le Palais-Royal sont entourés de balustres à un renflement qui produisent un très-bel effet. Dans les nouvelles constructions du Palais-Royal, M. Fontaine n'a pas hésité à employer les balcons à balustres pour border la terrasse qui fait le tour de la cour attenant à la galerie vitrée, et tous les gens de goût ont payé à M. Fontaine un juste tribut d'éloges.

L'appui est le plus ordinairement en pierre, comme la balustrade.

On distingue dans les balustres, fig. 165, 1° l'*appui*, 2° le *tailloir*, 3° le *quart-de-rond*, 4° le *filet*, 5° le *gorgerin*, 6° l'*astragale*, 7° son *filet*, 8° le *col* et le *renflement*, 9° la *baguette*, 10° son *filet*, 11° la *scotie* et son *filet*, 12° le *tore*, 13° la *plinthe*.

Quand les balustres sont destinés à cacher le toit d'une maison ou à entourer une galerie élevée, il faut les faire reposer sur un socle, qui peut être du quart de la hauteur du balustre.

On peut voir dans le *Cours méthodique de l'Enseignement supérieur* un beau modèle (planche III, fig. 34) tiré du palais du Louvre, et tenant lieu de balustre.

194. — *Dessiner un balustre à deux renflements, et une portion de balcon*, fig. 166. Ce genre de balustres convient pour des rampes d'escaliers intérieurs. On distingue, dans le premier balustre à gauche : 1° l'*appui*, 2° le *tailloir*, 3° le *quart-de-rond*, 4° le *filet*, 5° le *col* et le *renflement*, 6° le *filet*, 7° le *tore* entre les deux *filets* 6° et 8° ; 9° le second *renflement* et le second *col*, 10° le *filet*, 11° le *quart-de-rond renversé*, 12° la *plinthe*.

195. — *Dessiner une devanture de boutique*, fig. 167. Les beaux magasins de Paris et des premières villes du royaume ont des devantures disposées avec autant de goût que d'élégance. Le modèle que nous donnons est du genre le plus moderne.

La boutique fig. 167 est décorée très-richement. Sa façade se compose de trois travées, formées par des pilastres d'ordre corinthien.

La travée du milieu, plus étroite que les deux autres, sert d'entrée. Celles des deux côtés sont divisées en trois parties par de petites colonnes terminées en bas par un culot orné de feuilles, et supportant dans le haut la retombée d'arcades. Les montants sont en bronze doré, et l'espace qui se trouve entre eux est ordinairement fermé par une grande glace d'un ou de deux morceaux.

Les ornements au-dessus de la porte sont en cuivre doré.

Dans plusieurs riches magasins on garnit tous les soubassement des colonnes, jusqu'à terre, en cuivre poli, qu'il faut entretenir avec une extrême propreté.

Nous n'avons aucune règle à prescrire pour la construction des figures de ce tableau ; il ne s'agit que d'élever un certain nombre de verticales et de tirer des horizontales convenablement espacées.

196. — La fig. 168 représente la façade d'une jolie petite maison de campagne, qui doit être précédée d'un jardin. Devant le corps de logis se trouve un porche soutenu par des piliers carrés, et qui, au premier étage, sert de terrasse. On monte par des marches dont les socles supportent des vases de fleurs.

Le soubassement de la maison est formé de blocaille apparente ; il sert d'appui à des fenêtres terminées en demi-cercle.

Les angles sont fortifiés par des chaînes verticales dont les pierres sont disposées en carreaux et boutisses.

On appelle *boutisses*, des pierres de taille faisant saillie, mais dont la plus grande partie est cachée dans le mur.

La fig. 169 représente la coupe de la même maison de campagne. On y distingue facilement les marches, les rampes qui servent de socles pour les vases, le porche et la petite terrasse.

197. — Les fig. 170, 171 et 172, représentent le *plan*, l'*élévation* et une partie de la *coupe* d'une maison de location.

Elle contient, au rez-de-chaussée, trois boutiques, dont le plancher supérieur se trouve de niveau avec la chaîne horizontale nommée *imposte*, et sur laquelle reposent les arcades.

L'entre-sol est éclairé par des jours pratiqués dans la partie circulaire ; au-dessus se trouve le premier étage, qui se distingue par des fenêtres ornées de chambranles ; celle du milieu est, de plus, surmontée d'une frise et d'une corniche. Le deuxième étage a des fenêtres ornées de chambranles. On doit remarquer que les milieux des *baies* se trouvent tous dans la même verticale, pour éviter que les *pleins* ne reposent sur les *vides*, ou encore pour qu'il n'y ait pas de *porte-à-faux*, vices très-ordinaires dans les maisons de Paris, et auxquels on peut attribuer en grande partie leur peu de durée. Les baies allant en décroissant de largeur, il arrive que les espaces qui se trouvent entre elles, appelés *trumeaux*, vont au contraire en augmentant. Les strictes lois de l'équilibre sembleraient exiger une disposition contraire ; mais l'usage, d'accord avec les convenances, a consacré ce mode de construction. Chaque étage est marqué par une chaîne horizontale nommée *bandeau* ou *plinthe*, et le tout est couronné par un entablement dont la saillie ou corniche repose sur des consoles. Un troisième étage pourrait être pratiqué dans les combles.

198. — Il est nécessaire, pour donner une idée un peu exacte d'une maison, de représenter son ensemble et ses parties.

Le dessin de la façade d'un bâtiment se nomme *élévation*. Lorsqu'on ne représente qu'une seule élévation, on choisit ordinairement la façade principale. Ce plan donne une idée générale de l'ensemble.

Mais, pour faire connaître les détails, il faut présenter des *coupes*. On suppose, en effet, que l'on coupe un bâtiment par des *plans horizontaux* et par des *plans verticaux*.

La coupe faite par le plan horizontal se nomme *plan géométrique*. On fait plusieurs plans *géométriques* : le *plan des caves*, le *plan du rez-de-chaussée*, et les plans des autres étages.

Dans la fig. 171, nous n'avons fourni que le plan du rez-de-chaussée : il suffit pour donner une idée des autres plans, qui sont tout à fait du ressort de l'architecture.

Les plans verticaux se nomment *coupes verticales* ou *profils*. Ces profils donnent une idée juste de la distribution intérieure.

Nous n'avons indiqué qu'une partie du profil de la maison, fig. 172.

199. — Sans vouloir entrer dans des détails approfondis d'architecture, nous allons dire quelques mots sur la construction des maisons.

Avant de construire, il faut creuser les fondations. Si le

terrain est solide, on peut asseoir les fondations aussitôt que l'on trouve un fond résistant. On dispose à cet effet des moellons non taillés ou des quartiers de pierre dure qu'on nomme *libages*. Sur cette première assise on place des moellons durs, liés ensemble par du mortier de chaux et de sable. On élève ensuite les caves, et enfin les murs des bâtiments.

Les voûtes sont construites en pierre de taille bien choisies, proprement taillées. Les *claveaux* (ce sont les pierres taillées en coin qui servent de clef à la voûte) seront de l'épaisseur de la voûte. La taille de l'*intrados* (c'est la surface du dessous de la voûte) sera ragréée et jointoyée.

Si les voûtes sont construites en moellons, les parements intrados seront taillés au marteau, les claveaux auront le plus de queue qu'il sera possible.

Si le sol résistant ne se trouve pas lorsqu'on a creusé suffisamment pour placer les caves, alors on est réduit ou à bâtir *sur pilotis*, c'est-à-dire à placer les libages sur des pièces de bois enfoncées verticalement dans le terrain, ou à bâtir sur *plate-forme*, c'est-à-dire à faire une espèce de plancher avec de grosses pièces de bois horizontales.

200. — Les murs doivent être plus ou moins forts, selon les charges qu'ils sont destinés à soutenir. On élève en conséquence des *chaînes verticales* ou *assises de pierres de taille* plus longues et plus dures que les autres, pour soutenir les planchers. Ces chaînes descendent jusqu'au bas des fondations ; elles sont unies entre elles par des *chaînes horizontales* à la hauteur des planchers.

Les *murs de face* sont plus épais que ceux qui les traversent à angles droits dans l'intérieur, et que l'on nomme *murs de refend*.

Les murs seront élevés en pierre de taille ou en moellons. Les pierres seront *ébousinées à vif*, c'est-à-dire qu'on ôtera le *bousin* ou la partie qui n'est pas encore suffisamment durcie. Les joints seront dégauchis et piqués à grain d'orge. Les lits de pierre sont posés de niveau, calés et garnis de mortier fin de chaux. On appelle *ragréer* un ouvrage, y mettre la dernière main et réparer les petites négligences des ouvriers. *Jointoyer* un mur, c'est remplir les ouvertures des joints des pierres d'un mortier approchant de la couleur de ces pierres.

Dans la construction de murs en moellons, les moellons devront être équarris, ébousinés à vif, posés sur leur lit de carrière en bonne liaison, à bain de plâtre ou de mortier.

Les bois de charpente seront de chêne ou de sapin ; on les choisira sans aubier, ni nœuds, ni roulures, ni moulures, ni vermoulures. Ces pièces doivent être équarries à vives arêtes, bien assemblées, à tenons et à mortaises, avec queue entaillée et à crémaillère.

Les entrepreneurs ne peuvent se servir des vieux bois sans une autorisation spéciale du propriétaire.

Dans la charpente, on emploie des *poutres :* ce sont de grosses pièces de bois carré qui soutiennent les *solives*, pièces de bois moins fortes ; des *chevrons*, pièces de bois qui soutiennent les lattes sur lesquelles on pose les ardoises ou les tuiles ; des *sablières*, longues pièces de bois dans les combles ; des *arbalétriers*, pièces de bois des combles ; des *assemblages*, c'est l'union de plusieurs pièces de bois ; des *enchevêtrures*, assemblage de chevêtres et de solives ; des *limons*, vis d'un escalier de charpente ; des *bois d'échiffre*, bois qui compose la partie d'un escalier, moins les marches : ce mot vient de *chiffres*, parce que, lorsqu'on construit un escalier, on chiffre le long du mur ; des *jambes de force*, pièces de bois qui soutiennent ; des *étançons*, c'est l'étai qu'on pose sous des terres minées ou sous un mur qu'il faut soutenir ; des *étrésillons*, pièces de bois qui servent d'arc-boutant à des murs qui déversent, etc., etc.

201. — Quand les murs et la charpente sont préparés, on divise chaque étage en chambres au moyen de *cloisons*.

Les cloisons sont *simples, pleines* ou *creuses*.

Les cloisons simples sont *hourdées*, c'est-à-dire maçonnées grossièrement avec des plâtras et du mortier ou du plâtre : on les recouvre, à fleur de poteaux, d'un *enduit* de plâtre.

Les cloisons pleines sont hourdées et *lattées* des deux côtés. C'est sur les lattes que se pose l'enduit.

Les cloisons creuses ne sont pas hourdées. On place des lattes sur les poteaux de remplissage, et on enduit par dessus.

Outre ces cloisons, qui ont ordinairement 18 à 19 centimètres d'épaisseur, il y a encore des *cloisons légères*, qui se font en briques, en grands carreaux de plâtre, ou en planches de bateau.

202. — Les portes ont de chaque côté des poteaux qu'on nomme *poteaux d'huisserie*. Les pièces de bois qui forment la partie supérieure des croisées se nomment *linteaux*.

Quant aux cheminées, on les construit en briques, en pierre ou en plâtre; elles sont toujours composées de deux *jambages*, d'un *manteau* qui réunit les jambages, et d'un *tuyau* pour conduire la fumée.

Il faut éviter de placer l'*âtre* d'une cheminée sur une pièce de bois : on laisse à cet effet dans le plancher un vide que l'on nomme *trémie*. Ce vide est rempli par deux ou trois barres de fer sur lesquelles on hourde des plâtras. C'est sur ce *hourdis* que l'on applique le *foyer* en pierre. Au fond de la cheminée on adapte une plaque de fonte.

Les jeunes gens qui auront compris ces premiers éléments, et qui désireraient avoir des détails plus étendus, pourront s'adresser aux architectes, aux maîtres maçons, aux charpentiers et aux menuisiers, qui se feront la plupart un vrai plaisir de compléter ou de rectifier leurs idées.

DESSIN LINÉAIRE

GRAPHIQUE.

CHAPITRE XIV.

TRACÉ GÉOMÉTRIQUE.

203. — Personne ne révoque en doute l'importance du dessin à vue et sans instruments. On comprend en effet combien il est utile de rendre sa pensée rapidement par un tracé plus ou moins juste, mais suffisamment régulier pour être compris par tous ceux qui le verront. Quelque habiles cependant que la pratique puisse nous rendre, il faut convenir qu'un dessin à vue n'est toujours qu'une *approximation*. Dans l'exécution des arts industriels, il faut des dessins exacts, et les instruments seuls peuvent les fournir. Il est donc très-important aussi de savoir tracer un dessin à la règle, au compas, et avec les autres instruments employés habituellement. Nous allons indiquer plusieurs constructions géométriques, qui suffiront pour les figures des dix-huit premiers tableaux de notre atlas. Voici la liste des instruments nécessaires pour le tracé géométrique :

1°. Règle plate et longue d'un mètre, en ébène ou en poirier ;

2°. Règle plate, en ébène ou en poirier, d'un double décimètre ;

3°. Planche avec encadrement de bois dur, pour coller le papier ;

4°. Té en bois de poirier, avec divisions en décimètres, centimètres et millimètres ;

5°. Échelle de proportion en buis, ou double décimètre triangulaire en buis ;

.6°. Compas de cuivre, avec pointes de rechange ;

7°. Compas à balustre ;

8°. Crayons de Brockmann ou de Conté ;

9°. Morceau épais de caoutchouc[1].

204. — *Ligne droite.* Pour tracer une ligne droite sur le papier, il n'y a d'autres précautions à prendre que de bien assujettir sa règle, et de faire glisser le crayon, la plume ou le tire-ligne, par un mouvement régulier, le long de son arête inférieure.

Si l'on se sert d'une plume, et que son bec touche l'arête de la règle, on s'expose à faire des taches : on est donc obligé d'appuyer la plume le long de l'arête supérieure, et de tenir ainsi le bec à une certaine distance de l'arête inférieure. Mais on sent combien il est difficile de conserver cette équidistance partout. Aussi est-il impossible de se servir d'une plume pour tracer une très-longue ligne : il faut absolument recourir au *tire-ligne.* Pour se servir d'un tire-ligne il faut quelques précautions. On introduit avec la plume plusieurs gouttes d'encre entre les palettes, que l'on essuie bien à l'extérieur, et l'on serre la vis de manière à avoir la grosseur de ligne que l'on désire. Cet instrument est très-commode, mais il demande beaucoup de propreté ; il ne faut jamais y laisser séjourner l'encre, il faut le nettoyer souvent, et, quand on ne s'en sert plus, tenir les palettes écartées.

205. — *Circonférence.* Pour tracer une circonférence d'un rayon donné, on prend une ouverture de compas égale à ce rayon. On appuie légèrement une des pointes du compas

[1] Tous ces instruments se trouvent chez M. Saigey et compagnie, constructeurs d'instruments de mathématiques et de physique, rue Hautefeuille, 21, à Paris.

en O, fig. 173, et l'on fait tourner circulairement l'autre pointe, qui trace la courbe appelée *circonférence*.

AB, BC, AC, sont des *arcs de cercle;* la droite AB, qui unit les extrémités de l'arc AB, s'appelle *corde*. Pour distinguer l'arc de la corde à la seule dénomination, on désigne l'arc par trois lettres. Ainsi l'on dira l'arc ADB, et la corde AB.

206. — *Faire un angle égal à un angle donné.* Supposez l'angle donné BAC, fig. 174. Du point A, comme centre, et avec un rayon à volonté, décrivez l'arc de cercle BC, terminé aux deux côtés de l'angle.

Du point D, extrémité de la droite DE, et avec une ouverture de compas égale à AC, décrivez un arc indéfini EG. Prenez une ouverture de compas égale à BC, et du point E, comme centre, décrivez un petit arc qui coupera l'arc indéfini en F. Joignez F et D, et l'angle EDF, fig. 174, est égal à l'angle BAC.

Ces deux angles sont égaux, car ils ont le même rayon et ils interceptent entre leurs côtés le même arc de cercle.

207. — *Élever une perpendiculaire sur une droite donnée, et diviser cette droite en deux parties égales.* Soit la droite AB, fig. 175, qu'il faut diviser en deux parties égales, en élevant une perpendiculaire au milieu. Des points A et B, et avec une ouverture de compas plus grande que la moitié de AB, décrivez deux arcs de cercle au-dessus de AB et deux autres au-dessous. Joignez par une droite les intersections C et D : la droite CD sera la perpendiculaire demandée, car elle divisera AB en deux parties égales au point E.

208. — *Diviser un angle donné en deux parties égales.* L'angle donné est BAC, fig. 176. Du sommet A, et avec une ouverture de compas à volonté, je décris l'arc de cercle EF. Des points E et F, avec une ouverture de compas à volonté, mais plus grande que la moitié de la corde EF, je décris deux arcs de cercle, qui se coupent en D. Tirez DA : l'angle sera divisé en deux parties égales.

209. — *D'un point donné hors d'une droite, abaisser une*

perpendiculaire sur cette droite. Soit AB la droite indéterminée, et C le point d'où il faut abaisser une perpendiculaire,
fig. 177. De ce point comme centre, et avec une ouverture
de compas plus grande que la distance de ce point à la ligne,
décrivez un arc de cercle qui déterminera les deux points A
et B. De ces deux points comme centre, et avec une ouverture
de compas à volonté plus grande que la moitié de AB, décrivez deux arcs de cercle, dont l'intersection sera le point D.
Tirez CD : c'est la perpendiculaire demandée.

210. — *D'un point donné sur une droite, élever une per-*
pendiculaire sur cette droite. AB est la droite donnée, C le
point où il faut élever la perpendiculaire, fig. 178.

Du point C, et avec une même ouverture de compas, dé-
terminez les points D et E à égale distance de C. De ces
points, et avec une ouverture de compas plus grande que
DC, décrivez deux arcs de cercle, qui se couperont en F.
Joignez F et C : la ligne FC sera la perpendiculaire demandée.

211. — *Élever une perpendiculaire à l'extrémité d'une*
droite. Si l'on veut élever une perpendiculaire au point A de
la droite AB, fig. 179, on prolonge BA jusqu'en C ; on détermine avec une même ouverture de compas les distances
égales AB, AC. Des points C et B, avec une ouverture de
compas plus grande que CA, on décrit deux arcs de cercle,
dont l'intersection donne le point D : la ligne DA est la perpendiculaire demandée.

L'ouverture de compas doit être plus grande que CA,
fig. 179 : car, si elle était égale à CA, les deux arcs de cercle
seraient tangents en A, et si elle était plus petite que CA, les
deux arcs de cercle ne se rencontreraient pas.

212. — *Élever une perpendiculaire à l'extrémité d'une*
droite qui ne peut être prolongée. Supposons la ligne AB,
fig. 180, à l'extrémité A de laquelle on doit élever une perpendiculaire, sans pouvoir la prolonger. Prenez un point O à
volonté. De ce point, et avec un rayon OA, décrivez un arc
de cercle qui coupera la droite AB en C. Joignez O et C ; pro-

ongez la droite jusqu'en D, où elle rencontrera l'arc de cercle. En joignant les points D et A, la ligne DA sera la perpendiculaire demandée.

213. — *Autre construction pour élever une perpendiculaire à l'extrémité d'une droite qui ne peut être prolongée.* Du point A, fig. 181, avec une ouverture de compas à volonté, tracez un arc de cercle qui coupera la ligne AB au point C; portez la même ouverture de compas de C en D; du point D, et avec le même rayon, décrivez un arc dans la direction CD. Si l'on joint le point C au point D, et qu'on prolonge cette droite jusqu'à sa rencontre en E avec l'arc de cercle, la ligne EA sera la perpendiculaire demandée.

214. — L'*équerre* et le *rapporteur* sont deux instruments qui servent à élever les perpendiculaires.

Pour élever une perpendiculaire au moyen de l'équerre, il suffit de placer un des côtés de l'angle droit très-exactement sur la ligne donnée, et de faire glisser une pointe de crayon, une plume ou un tire-ligne, le long de l'autre côté de l'angle droit de l'équerre.

Si l'on se sert du rapporteur, on place le centre sur le point de la ligne où l'on veut élever une perpendiculaire, et quand le rapporteur du diamètre coïncide exactement avec la droite donnée, il ne s'agit plus que de marquer sur le papier le point du limbe correspondant à 90 degrés. Ce point, joint avec celui qu'occupait le centre de l'instrument, fournit la perpendiculaire demandée.

Ces procédés ne sont que graphiques, mais donnent de bons résultats quand les instruments sont exacts.

215. — *Par un point donné, mener une parallèle à une droite donnée.* Soit le point C, par lequel on veut mener une parallèle à AB, fig. 182. Tirez une oblique quelconque CB, et faites au point C un angle ECF égal à l'angle ABC (197). La droite CD est la parallèle demandée.

216. — *Autre construction pour mener, par un point donné C, une parallèle à une droite donnée.* Par un point quelconque

de la droite AB, fig. 183, et avec un rayon terminé au point donné C, décrivez une demi-circonférence, qui passera par le point C ; du point F, avec un rayon égal à la corde EC, décrivez un arc de cercle, qui coupera la demi-circonférence en D : la droite qui passera par les points C et D sera la parallèle demandée.

Dans la pratique, on se sert d'un instrument très-commode pour mener des parallèles. Il est composé de deux règles qui s'écartent parallèlement l'une de l'autre, et qui donnent un moyen aussi prompt que facile de mener autant de parallèles que l'on veut.

217. — *Diviser une droite donnée en plusieurs parties égales,* fig. 184. Supposons que l'on veuille diviser la droite AB en sept parties égales. Menez au point A une droite indéterminée AC, sous un angle quelconque ; portez sept fois sur AC une ouverture de compas AE prise à volonté, jusqu'en D ; joignez le point D à B par la droite BD. Par les points de division H, I, K, L, M, de la droite AD menez, selon l'un des procédés indiqués dans les paragraphes **215** et **216**, des parallèles à DB, et la droite AB sera divisée en sept parties égales.

218. — Dans la pratique on se sert souvent d'un compas pour diviser par le tâtonnement une droite en parties égales ; mais ce procédé, expéditif quand il s'agit d'une approximation, ne saurait convenir à une opération exacte.

219. — *Construire un triangle équilatéral.* Prenez une base AB, fig. 185. Des points A et B, avec une ouverture de compas égale AB, décrivez deux arcs de cercle qui par leur intersection déterminent le point C. Tirez CA et CB, et le triangle équilatéral ABC est construit.

220. — *Construire un triangle isocèle.* Soit AB la base du triangle isocèle que l'on veut construire, fig. 186. Des points A et B comme centre, et avec une ouverture de compas différente de AB, décrivez deux arcs de cercle dont l'intersection en C donne le sommet du triangle. Tirez CA et CB, et le triangle isocèle sera construit.

Si l'ouverture de compas était égale à AB, ce serait la construction du triangle équilatéral.

Selon que l'on prendra l'ouverture de compas plus petite ou plus grande que AB, le triangle paraîtra déprimé ou élancé.

On peut donner au triangle isocèle un nombre infini de formes différentes.

221. — *Construire un triangle rectangle isocèle dont la base horizontale sera l'hypoténuse.* Soit AB l'hypoténuse servant de base, fig. 187. Divisez la droite AB en deux parties égales, et tirez la perpendiculaire DE. Du point C comme centre, et avec un rayon égal à CA, décrivez une demi-circonférence qui coupera la perpendiculaire en F. Tirez FA et FB : le triangle AFB est rectangle en F, et de plus il est isocèle.

222. — *Construire un carré.* Sur AB, base du carré, fig. 188, et à son extrémité A, on élève une perpendiculaire (212), sur laquelle on porte une ouverture de compas égale à AB, ce qui détermine le point D. Des points D et B, et avec la même ouverture de compas égale à AB, décrivez deux arcs de cercle, qui se couperont en C. Tirez DC et BC, et le carré ABCD sera construit.

223. — *Construire un rectangle.* Soit AB la base du rectangle, fig. 189. A l'extrémité A on élève une perpendiculaire (212), sur laquelle on prend le point D, tel que AD ne soit pas égale à AB, ce qui donnerait un carré. Du point D comme centre, avec une ouverture de compas égale à AB, et du point B, avec une ouverture égale à AD, décrivez deux arcs de cercle, qui se couperont en C. Tirez DC et BC, et le rectangle est construit.

224. — *Construire un parallélogramme.* Soit AB la base du parallélogramme, fig. 190. Au point A menez l'oblique AD plus grande ou plus petite que AB. Du point D, avec une ouverture de compas égale à AB, et du point B, avec une ouverture de compas égale à AD, décrivez deux arcs de cercle, qui se couperont en C. Tirez DC et BC, et le parallélogramme est construit.

225. — *Construire une losange*, fig. 191. Même construction que la précédente, excepté que AD est égal à AB. Les quatre côtés de ce parallélogramme sont égaux, et, de plus, les *diagonales* AC et DB se coupent à angles droits, tandis que, dans le parallélogramme de la figure précédente, les quatre angles ne sont égaux que deux à deux, savoir : DOA égal à COB, et DOC égal à AOB. Ces angles, égaux deux à deux, sont appelés *angles opposés au sommet*.

On peut, au moyen de ces premières notions du tracé au compas, dessiner les quatre premiers tableaux de l'atlas. Nous allons passer au tracé géométrique de la deuxième partie, relative au cercle et à l'ellipse.

226. — *Retrouver le centre d'un cercle*. Prenez trois points à volonté, A, B, C, sur la circonférence donnée, fig. 192. Joignez les points A, B, C, par les droites AB et BC. Sur le milieu de la droite AB élevez une perpendiculaire ; élevez-en une autre sur le milieu de BC (207). L'intersection de ces perpendiculaires au point O est le centre cherché. La même construction doit être employée pour *faire passer une circonférence par trois points donnés non en ligne droite.*

227. — *Inscrire dans un cercle un triangle équilatéral*. Tirez le diamètre AB, fig. 193. Du point B comme centre, et avec une ouverture de compas égale au rayon du cercle, décrivez l'arc de cercle COD, qui détermine, par sa double intersection avec la circonférence, les points C et D ; tirez AC, AD et CD : ACD est le triangle équilatéral demandé.

228. — *Inscrire dans un cercle un carré*. Tirez le diamètre AB, fig. 194. Des points A et B, avec une ouverture de compas à volonté, décrivez deux arcs de cercle, dont l'intersection donne un point que vous joindrez avec le centre O, ce qui détermine le point C ; prolongez CO jusqu'à la rencontre de la circonférence en D. Joignez les points A, C, B, D, par les droites AC, CB, BD et DA : vous aurez le carré demandé.

229. — *Inscrire dans un cercle un pentagone régulier.* Sur le diamètre AB, fig. 195, élevez au centre le rayon perpendiculaire CI ; divisez le rayon CB en deux parties égales, par le procédé de la fig. 193, ce qui donnera le point G ; du point G comme centre, et avec un rayon égal à GI, décrivez l'arc de cercle IH. La corde IH de l'arc IOH est le côté du pentagone cherché.

230. — *Inscrire dans un cercle un hexagone régulier.* Portez six fois le rayon BO, fig. 196, de B en C, en D, etc., etc. : c'est le côté de l'hexagone cherché, que l'on obtiendra en tirant les droites BC, CD, etc., etc.

231. — *Inscrire dans un cercle un heptagone régulier ou polygone à sept côtés.* Même construction que dans la fig. 193. La ligne DE ou la ligne CE, fig. 197, est le côté de l'heptagone régulier.

232. — *Inscrire dans un cercle un octogone régulier ou polygone à huit côtés.* Inscrivez le carré comme dans la fig. 194 ; puis, des extrémités des rayons, fig. 198, décrivez, avec une ouverture de compas à volonté, deux arcs de cercle, qui se coupent en E ; tirez EO, ce qui déterminera le point F. La corde FB est le côté de l'octogone régulier, portez-la huit fois sur la circonférence, et tracez les côtés ou le périmètre du polygone.

233. — *Inscrire dans un cercle un ennéagone régulier ou polygone à neuf côtés.* Tirez le diamètre AB, que vous prolongerez en C, fig. 199. Au centre O élevez la perpendiculaire OD (selon le procédé du paragraphe 210), que vous prolongerez indéfiniment. Du point I, et avec une ouverture de compas égale au rayon du cercle, coupez la circonférence en F. Du point E pour centre, et avec la distance EF, tracez l'arc de cercle FG, qui coupera le prolongement du diamètre en G. Du point G, et avec un rayon GI, décrivez un arc de cercle IH. AH est le côté de l'ennéagone régulier.

234. — *Inscrire dans un cercle un décagone régulier ou* *polygone à dix côtés.* Même construction que dans la fig. 195. HO, fig. 200, est le côté du décagone.

Autre procédé : Inscrivez le pentagone régulier, fig. 195, et divisez en deux parties égales l'arc qui est sous-tendu par un des côtés du pentagone : la corde de la moitié de cet arc est le côté du décagone régulier.

235. — *Inscrire dans un cercle un endécagone régulier ou polygone à onze côtés.* Tracez les deux diamètres perpendiculaires AB et CD, fig. 201, par le procédé de la fig. 194. Portez une ouverture de compas égale au rayon du cercle de C en E et de B en F. Du point E comme centre, et avec une ouverture de compas égale à EF, décrivez l'arc de cercle FG. Son intersection avec le diamètre détermine le point G ; la corde de l'arc FG est le côté de l'endécagone régulier. On le portera onze fois sur la circonférence, et l'on tracera les côtés de ce polygone.

236. — *Inscrire dans un cercle un dodécagone régulier ou polygone à douze côtés.* Portez six fois le rayon du cercle sur la circonférence, fig. 202, comme dans la fig. 196. Des points A et B, et avec la même ouverture de compas à volonté, décrivez deux arcs de cercle, qui se couperont en D ; joignez D au centre, ce qui détermine le point E. La corde EA est le côté du dodécagone régulier, de même que la corde EB. Cette construction se réduit à diviser l'arc BEA en deux parties égales.

Par le même procédé, on obtiendra le côté du polygone régulier de quatorze côtés, en divisant en deux parties égales l'arc sous-tendu par le côté de l'heptagone. *En général, en divisant en deux parties égales l'arc qui correspond au côté d'un polygone quelconque, la corde d'un des nouveaux arcs est le côté du polygone d'un nombre double de côtés.*

Ainsi donc, connaissant les moyens d'inscrire dans une circonférence des polygones de 3, 4, 5, 6, 7, 8, 9, 10, 11, 12 côtés, nous savons inscrire les polygones de 14, 16, 18, 20, 22, 24 côtés. Mais inscrire un polygone régulier d'un nombre déterminé de côtés, *c'est aussi diviser la circonférence en ce même nombre de parties égales :* nous savons donc diviser une circonférence en 3, 4, 5, 6, 7, 8, 9, 10, 11, 12, 14, 16, 18, 20, 22, 24 parties égales.

Ces divisions de la circonférence sont très-utiles dans l'horlogerie, dans la mécanique, et dans plusieurs autres professions industrielles.

Si l'on examine les résultats ci-dessus, on voit que les divisions de la circonférence en 13, en 15, en 17, en 19, en 21, en 23 parties, ne sont pas connues.

237. — *Diviser la circonférence en autant de parties égales que l'on veut.* Des extrémités A et B du diamètre AB, fig. 203, et avec une ouverture de compas égale à AB, décrivez deux arcs de cercle, qui se coupent en C. Tirez AC et CB. ACB est un triangle équilatéral. Divisez le diamètre en autant de parties que vous voulez avoir de divisions, et tirez du point C une ligne qui passera par la seconde division du diamètre, et ira aboutir à la circonférence : la corde de l'arc de cercle intercepté à la circonférence est le côté du polygone demandé.

Soit proposé, par exemple, de diviser en treize parties égales une circonférence dont MN est le diamètre, fig. 205. Comme il est assez long, au moyen du procédé indiqué par la fig. 184, de diviser MN en treize parties égales, voici une construction aussi simple que facile. Tirez une ligne indéterminée, marquez le point de départ en A, et portez-y treize fois de A en B, par exemple, une longueur prise à volonté.

Divisez AB en deux parties égales (207) au point O. Du point O, et avec une ouverture de compas égale à la moitié de AB, décrivez une circonférence. Des points A et B successivement pris pour centre, et avec une ouverture de compas égale à AB, décrivez deux arcs de cercle, qui se couperont en C. Tirez CA et CB. Par ce point C, et par le point D, 2ᶜ divisision du diamètre à partir de B (on pourrait également prendre la 2ᶜ division à partir de A, le résultat serait le même), tirez la droite CE jusqu'à la rencontre de la circonférence ; joignez E et B : la corde EB est le côté du polygone régulier à treize côtés.

Mais ce n'est pas la circonférence dont AB est le diamètre que l'on veut diviser en treize parties, c'est la circonférence dont MN est le diamètre, que nous supposons plus grand que AB. Divisez MN en deux parties égales (207) au point O. De ce point O, comme centre, décrivez une circonférence concentrique à ABE, avec une ouverture de compas égale à la moitié de MN. Joignez le centre O avec le point E, et prolongez la droite OE jusqu'à la rencontre de la grande circonférence en P ; prolongez aussi le diamètre AB jusqu'en N : PN est le côté du polygone régulier à treize côtés.

Si le diamètre était ID, plus petit que AB, la construction serait absolument la même, et LD serait le côté du polygone cherché.

Cette construction, qui est indiquée par Renaldini, n'est qu'une approximation dans le plus grand nombre de cas ; mais, comme cette approximation peut être fort utile dans la pratique, nous avons pensé qu'il serait agréable à nos lecteurs de la connaître [1].

238. — *Tracer un ovale dont les deux axes sont donnés.* Soit AB le grand axe et EF le petit axe, fig. 204. Élevez une perpendiculaire sur AB, qui la divise en deux parties égales (207). Prenez les lignes CE et CF égales à la moitié de EF. Joignez les quatre points E, A, F, B, par les droites AE, EB, BF et FA. Sur le milieu de EB, de AE, de AF et de BF, élevez

---

[1] Voici une formule constatant l'inexactitude de la construction de Renaldini pour diviser la circonférence en autant de parties égales que l'on veut :

Soit $OE = R$, d'où $CB = AB = AC = 2R$, $CO = R\sqrt{3}$, $BD = \dfrac{BA}{n} = \dfrac{4R}{n}$,

$OD = \dfrac{R(n-1)}{n}$; faisons la corde $BE = x$. On a d'abord $\overline{BE}^2 = BA.BK = 2BD.R$, et $BK = BD - DK$. Les triangles KED, DCO, donnent la relation $\dfrac{DK}{OD} = \dfrac{EK}{OC}$; d'où $DK = \dfrac{OD}{OC}$. EK et $BK = BD - \dfrac{OD}{OC}$. $EK = \dfrac{4R}{n} - \dfrac{1}{\sqrt{3}}\left(\dfrac{n-4}{n}\right) EK$.

Le triangle EKO fournit la relation $\overline{EK}^2 = \overline{OE}^2 - \overline{OK}^2 = \overline{OE}^2 - (OD + DK)^2 =$

des perpendiculaires. Prenez sur une de ces perpendiculaires GM la distance KL à volonté, suivant que vous voudrez donner plus ou moins de courbure à votre ovale. Vous porterez la distance KL sur les trois autres perpendiculaires, ce qui déterminera les points O, P, R. Divisez ensuite les arcs EL et LB en deux parties égales par les perpendiculaires HD et IN. Faites-en autant sur tous les autres arcs égaux ; continuez la division et la subdivision des arcs autant que vous le voudrez.

$$OE^2 - \left(OD + \frac{OD}{OC} \cdot EK\right)^2.$$ Développant et résolvant par rapport à EK, il vient

$$EK = \frac{CO}{\overline{CO}^2 + \overline{OD}^2}\left\{\sqrt{\overline{OE}^2 \cdot \overline{CO}^2 - \overline{OD}^2(\overline{CO}^2 - \overline{OE}^2) - \overline{OD}^2}\right\}.$$

Remplaçant CO, OE et OD par leurs valeurs $R\sqrt{3}$, R et $R\left(\frac{n-4}{n}\right)$, on aura

$$EK = R\sqrt{3}\left\{\frac{\sqrt{3 - 2\left(\frac{n-4}{n}\right)^2 - \left(\frac{n-4}{n}\right)^2}}{3 + \left(\frac{n-4}{n}\right)^2}\right\},$$

et par conséquent

$$BK = \frac{4R}{n} - \frac{1}{\sqrt{3}}\left(\frac{n-4}{n}\right)EK = R\left\{\frac{4}{n} - \frac{n-4}{n} \cdot \frac{\sqrt{3 - 2\left(\frac{n-4}{n}\right)^2 - \left(\frac{n-4}{n}\right)^2}}{3 + \left(\frac{n-4}{n}\right)^2}\right\},$$

et enfin

$$x = R\sqrt{\frac{8}{n} - \frac{n-4}{n} \cdot \frac{\sqrt{3 - 2\left(\frac{n-4}{n}\right)^2 - \left(\frac{n-4}{n}\right)^2}}{3 + \left(\frac{n-4}{n}\right)^2}}.$$

Il ne reste plus qu'à comparer les valeurs résultantes de cette dernière formule, quand on y fera $n = 2, 3, 4, 5$, etc., avec les valeurs de la méthode générale.

$$\text{Soit } n = 2 \quad x = 2R, \qquad \text{résultat exact.}$$
$$n = 3 \quad x = R\sqrt{3} \qquad id\text{:}$$
$$n = 4 \quad n = \sqrt{2} \qquad id\text{.}$$
$$n = 5 \quad x = R\sqrt{\frac{122 - \sqrt{72}}{76}} \quad \text{au lieu de} \quad R\sqrt{\frac{10 - 2\sqrt{5}}{2}}.$$
$$n = 6 \quad x = R, \qquad \text{résultat exact.}$$
$$n = 8 \quad x = R\sqrt{\frac{14 - \sqrt{40}}{13}} \quad \text{au lieu de} \quad R\sqrt{2 - \sqrt{2}}.$$
$$n = 10 \quad x = R\sqrt{\frac{65 - \sqrt{57}}{70}} \quad \text{au lieu de} \quad R\frac{\sqrt{5} - 1}{2}.$$

Joignez tous les points donnés par les divisions successives des arcs, et votre ovale est tracé.

Cette manière de tracer un ovale est employée dans les arts, quand on veut modifier à son gré la forme de la courbe; c'est pourquoi nous avons donné cette construction, quoique l'ovale ne puisse être dessiné qu'à la main.

239. — *Tracer une ellipse dont le grand axe est seul donné.* Supposons que l'on ait donné le grand axe AB, fig. 205; divisez AB en trois parties égales (217); sur CD, comme base, construisez un triangle équilatéral CED (219); construisez-en un autre CFD au-dessous.

Prolongez les côtés EC, ED, FD, FC. Des points C et D, comme centres, avec une ouverture de compas égale à AC, décrivez deux arcs de cercle HAG, IBK, limités par le prolongement indéterminé des côtés EC, ED, FC et FD. Des points F et E, avec une même ouverture de compas égale à FG, décrivez les arcs GI et HK, qui terminent l'ellipse.

CONSTRUCTION, AU MOYEN D'INSTRUMENTS, DE PLUSIEURS FIGURES DES TABLEAUX DU COURS MÉTHODIQUE DE DESSIN LINÉAIRE.

240. — Lorsqu'on recommencera à copier les tableaux au moyen des instruments, on trouvera de grandes ressources dans les constructions géométriques que nous venons d'indiquer.

Nous allons parcourir succinctement ces tableaux.

241. — Iᵉʳ *Tableau.* Le niveau à perpendicule, fig. 1, est un rectangle dans lequel les côtés opposés sont parallèles.

La fig. 9 se construit géométriquement comme la fig. 185; la fig. 10 se construit par le procédé de la fig. 186.

La fig. 11 se trace avec l'équerre; il en est de même de la figure 12, qui peut aussi se construire géométriquement, selon ce que nous avons dit au sujet de la fig. 194. Les deux losanges, fig. 14, ont leur construction géométrique indiquée dans la fig. 191.

La fig. 15 se tracera à l'équerre et à la règle.

La fig. 16 a sa construction géométrique dans la fig. 195 ; la fig. 17 correspond à la fig. 196, et la fig. 18 à la fig. 198.

242. — IIe *Tableau*. Toutes les figures de ce tableau peuvent se tracer à la règle, ou à la règle et à l'équerre ; nous n'avons aucune indication particulière à fournir sur leur construction.

243. — IIIe *Tableau*. La feuille de parquet, fig. 39, se compose d'un carré de 98 millimètres de côté, dont la moitié 49 est le côté de chacun des quatre carrés qu'il contient ; on se servira donc de l'équerre et de la règle pour tracer le grand carré, et du compas, ainsi que du double décimètre en buis, pour les subdivisions.

Les fig. 40, 41 et 42, s'exécuteront avec la règle, l'équerre et le compas : ce sont des verticales également espacées à élever sur la base.

Les fig. 43, 44 et 45, exigent l'emploi du tire-ligne pour les parallèles très-rapprochées qu'on y rencontre, et dont le tracé exercera très-utilement les élèves.

244. — IVe *Tableau*. Les figures du 4e tableau exigent l'emploi du double décimètre, de l'équerre, du compas et du tire-ligne. Les fig. 50, 51 et 52, sont les seules qui se rapportent aux constructions géométriques.

245. — V^e et VIe *Tableaux*. Les élèves peuvent recommencer le 5e et le 6e tableau au compas et à la règle : ils n'y trouveront d'autre difficulté sérieuse que la division de la fig. 60. Ils remarqueront que la demi-circonférence supérieure est divisée en 180 degrés, et la demi-circonférence inférieure en 200 grades. Nous avons cru devoir rapprocher ainsi dans une même figure les deux divisions de la circonférence, en rappelant que la division en 400 grades, quoique se rapportant davantage aux subdivisions décimales, n'était pas employée par les astronomes. Les anciens instruments existent dans les observatoires ; ils sont d'un prix excessivement élevé, et il est presque impossible de les remplacer par des instruments dont les limbes seraient divisés en 400 grades.

Ce serait un travail pénible que les conversions continuelles de l'ancienne division en division décimale.

Les élèves remarqueront d'ailleurs que la division de la circonférence en 360 parties peut se rapporter à la division en 36 parties, puisque chacune de ces dernières parties peut être partagée en deux moitiés ; chaque moitié est fractionnée par cinq petites hachures également espacées.

La division géométrique de la demi-circonférence supérieure se rapporte à la fig. 199. L'arc FB, subdivisé en deux et ensuite en quatre, fournira le côté du polygone à 36 côtés.

La division géométrique de la demi-circonférence inférieure se rapporte à la fig. 195.

Les fig. 68, 69 et 70, ont leur construction géométrique suffisamment indiquée dans les vérifications de ces figures, données dans la première partie de l'ouvrage.

246. — VIIe *Tableau*. Le septième tableau, qui contient les moulures, ne peut être tracé exactement qu'avec la règle et le compas : les constructions géométriques en sont très-faciles.

Dans la fig. 76 (septième tableau), les deux lignes ponc-tuées se rencontrent à angle droit. De ce point de rencontre comme centre, décrivez un quart de circonférence ; le reste s'exécutera au moyen de la règle.

Pour construire géométriquement la fig. 77, tirez l'hori-zontale CB, que vous divisez en trois parties égales par le procédé de la fig. 184 (dix-huitième tableau).

Au point A de division le plus rapproché de B, comme centre, et avec une ouverture de compas égale à DC, décrivez un quart de circonférence ; du point A, comme centre, et avec une ouverture de compas égale à AC, décrivez un autre quart de circonférence qui se raccorde avec le premier : le reste se terminera à la règle.

Dans la fig. 79, prenez *ab* à volonté ; du point *b*, avec un rayon *ab*, décrivez l'arc de cercle indéfini *ac* ; du point *a*, avec un rayon égal à *ab*, décrivez un arc de cercle qui déterminera le point *c*; tirez *bc*, et prolongez cette ligne d'une longueur *cd* égale à *bc*. Du point *d*, avec un rayon égal à *dc*, décrivez un arc de cercle indéfini, qui se raccorde avec le premier ; du point *c*, avec un rayon égal à *cd* (rayon et ouverture de compas ont ici la même signification), décrivez un arc de cercle qui déterminera le point *e*; le reste se trace à la règle.

Fig. 80. Même construction que la précédente, mais dans un ordre opposé.

Fig. 81 et 82. La fig. 81 donne une courbe assez usitée en architecture. Si l'on veut en modifier l'inclinaison, la construction suivante en donne la facilité.

Tirez *ae*, fig. 81, de la longueur et de l'inclinaison qui conviennent à l'objet pour lequel vous destinez cette moulure ; divisez cette droite en deux parties au point *b*; élevez une verticale sur le milieu de *ab* (207). Prenez sur cette verticale un point à volonté *c* : plus on l'éloignera de *ab*, et moins la courbe sera prononcée ; moins on l'éloignera, au contraire, et plus elle aura une forme cambrée. Tirez *ca* et *cb*; prolongez *cb* jusqu'à *d*, de manière que *bd* égale *bc*. Du point *d*, comme centre, et avec *db* pour rayon, décrivez un arc de cercle jusqu'au point *e*.

Les fig. 75, 78, 83 et 84, sont d'une construction tellement simple, qu'il suffit de les regarder pour en concevoir les principes.

247. — VIIIe *Tableau*. Dans les fig. 97 et 99, les roues dentées sont divisées en 6 ou en 20 parties. Leur construction géométrique se rapporte donc aux figures 196 et 200. L'indication des parallèles de la fig. 98, huitième tableau, suffira pour le tracé de la courbe.

248. — IXe *Tableau*. Les figures de ce tableau se composent de verticales, d'horizontales, de circonférences et de portions de circonférence. Ce travail exige de la précision et beaucoup de soin ; mais les constructions géométriques au

compas sont beaucoup moins difficiles que le tracé des droites au tire-ligne.

249. — Xe *Tableau*. Les figures de ce tableau se rapportent toutes à la circonférence.

250. — XIe *Tableau*. Les figures de ce tableau sont peut-être celles qui s'éloignent le plus des formes géométriques. Nous n'y remarquons que la losange.

251. — XIIe et XIIIe *Tableaux*. Les figures de ces deux tableaux se rapportent à la circonférence. Les divisions de la fig. 130 se trouvent dans la construction géométrique de la fig. 198 (dix-neuvième tableau). Les divisions de la fig. 129 se trouvent dans la construction géométrique de la fig. 196.

252. — XIVe et XVe *Tableaux*. Les moulures des figures comprises dans ces deux tableaux sont expliquées dans le septième tableau, consacré aux moulures. Quant aux enroulements, aux feuilles d'ornement, aux rais de cœur, c'est plutôt le goût que la géométrie qu'il faut consulter.

253. — XVIe, XVIIe et XVIIIe *Tableaux*. Les applications des principes géométriques sont trop simples pour que nous nous y arrêtions.

254. — Dans la pratique on se sert, pour tracer les horizontales et èlever les verticales, d'un instrument assez commode : c'est le T (té), ainsi nommé parce qu'il a la forme du T majuscule. On ne peut s'en servir facilement que lorsque le dessin que l'on trace est collé sur une planche de bois de la forme d'un rectangle.

CHAPITRE XV.

APPLICATION USUELLE DE LA GÉOMÉTRIE.

255. — La *ligne droite* est employée dans tous les arts industriels et dans tous les métiers. On trace des lignes droites par plusieurs procédés différents, selon la longueur des lignes.

Si la ligne droite n'a qu'une petite étendue, on la trace avec une *règle*.

Dans le dessin linéaire, l'architecture, la topographie, on se sert d'une règle plate, d'ébène ou de poirier, taillée en biseau d'un côté pour éviter les taches que le bec de la plume pourrait déposer sur le papier, lorsqu'on trace des lignes un peu longues. Avec le tire-ligne on évite cet inconvénient.

On substitue une règle en fer à celle en bois, lorsqu'au lieu de faire glisser le long de l'arête une pointe de crayon ou un bec de plume, on emploie un instrument tranchant, afin de faire une incision en ligne droite.

Pour tracer plusieurs lignes parallèles, on emploie habituellement une petite règle carrée que l'on présente au papier sur toutes ses faces successives : telles sont les petites règles carrées ou *bâtonnets* dont se servent les écoliers pour régler leurs cahiers de devoirs.

256. — Les menuisiers et les charpentiers, ayant souvent de très-longues lignes à tirer, font usage d'un cordeau qu'ils frottent avec du blanc d'Espagne ou de l'ocre rouge. On applique le cordeau sur une surface, et on le tend fortement à ses deux extrémités. On le pince au milieu, on le soulève verticalement, et on le laisse retomber. L'empreinte colorée qui reste sur la surface est une ligne droite.

Les maçons, pour avoir un alignement, tendent fortement un cordeau, qui les dirige constamment dans leur travail. Les terrassiers, les paveurs, les jardiniers, tendent également un cordeau attaché à deux piquets pour avoir un alignement. Pour que l'alignement soit exact, il faut que le cordeau soit fortement tendu, et qu'il ne soit rencontré par aucun corps faisant obstacle.

Dans l'arpentage, où l'on a besoin d'alignements d'une longueur considérable, les règles, les cordeaux, deviennent insuffisants. On indique la ligne droite par une suite de jalons ou piquets de bois que l'on fait planter au moyen de l'équerre.

Si une forêt interrompt l'alignement, une fusée tirée au delà ou dans l'intérieur de la forêt fait retrouver la direction cherchée.

257. — La ligne droite reçoit de nombreuses applications dans les phénomènes de la nature.

Tous les corps graves ou pesants abandonnés à eux-mêmes dans l'espace tombent en ligne droite et selon la direction de la verticale.

Une bille que l'on frappe d'un coup de queue se meut en ligne droite sur la surface d'un billard.

Le son, la lumière, nous arrivent selon la ligne droite.

258. — Parmi les lignes droites, les *horizontales* et les *verticales* sont les plus fréquemment employées dans les arts : les bâtiments, les portes, les fenêtres, sont composés de verticales ; les meubles de nos appartements reposent verticalement sur les planchers.

Les plafonds, les planchers, sont des plans horizontaux, ainsi que les dessus de tables, de commodes, de cheminées, etc.

259. — La forme régulière du *cercle* trouve une application constante dans les arts. Les roues de voitures, les roues des machines, des pressoirs, les meules de moulins, sont construites au moyen d'une circonférence.

On décrit les petites circonférences avec le compas. Si les

circonférences sont extrêmement petites, on se sert d'un *compas à balustre :* c'est un petit compas de 4 à 5 centimètres de hauteur, dont la tête est surmontée d'un petit balustre mobile, qui permet de donner à l'instrument toutes les inclinaisons que l'on veut.

Pour tracer les circonférences ordinaires sur le papier, on fait usage du compas à pointes, à tire-ligne et à porte-crayon. On peut y ajouter même une branche de rallonge pour tracer de plus grands cercles.

260. — Lorsqu'il s'agit d'augmenter de beaucoup le rayon, et que la branche de rallonge ne suffit pas, on emploie la *règle à curseur*, garnie de deux pointes, dont l'une est immobile, et dont l'autre s'écarte plus au moins. On fixe cette dernière au moyen d'une vis de pression.

Les maçons, les menuisiers, les serruriers et les charpentiers, font usage du compas de fer, dont la tête est à frottement dur.

Pour tracer de grandes circonférences, telles que les corbeilles des jardins, les bassins, etc., on attache un cordon à un piquet immobile : un piquet placé à l'autre extrémité du cordon décrit une circonférence.

261. — Les tourneurs en bois et en métaux impriment un mouvement de rotation à la pièce prise dans le madrier du *tour en l'air*, et entre les pointes du *tour à pointes;* et, au moyen d'une gouge immobile, ils tracent des circonférences sur la surface, qui s'arrondit insensiblement.

262. — Si la surface de l'eau est frappée par une pierre, tout le monde sait qu'il se produit à la surface du liquide des ondes circulaires qui s'étendent au loin et forment un grand nombre de *circonférences concentriques.*

Le son communique ses vibrations à l'air qui l'environne, et d'après les mêmes lois que la surface de l'eau frappée par une pierre, c'est-à-dire en formant des cercles concentriques qui vont toujours en augmentant. C'est ainsi qu'un orateur se fait entendre d'un nombreux auditoire disposé en cercle autour de lui.

Le porte-voix est une application du principe de la propagation des sons en ondes circulaires.

La toupie, le sabot et le toton, décrivent des circonférences lorsqu'on leur a une fois imprimé le mouvement. La terre, sur la surface de laquelle nous habitons, a un mouvement de rotation sur elle-même extrêmement rapide.

263. — La *division de la circonférence en 360 degrés* reçoit des applications très-importantes. C'est sur cette division qu'est fondée la construction du *rapporteur*, du *graphomètre*, et d'autres instruments d'arpentage; de la *boussole*, qui sert à l'arpentage, mais qui est bien autrement utile à la navigation, puisque la direction constante de l'aiguille aimantée vers le nord permet de suivre une route exacte sur la surface des mers, où les anciens peuples n'osaient jamais se hasarder.

Tous les instruments d'astronomie appliqués à la navigation sont basés sur une division exacte de la circonférence. Pour avoir la latitude en mer, on se sert du *sextant*, de *l'octant* ou du *cercle répétiteur de Borda*, instruments qui permettent d'observer les astres indépendamment des oscillations du vaisseau. Leur construction repose sur la division de la circonférence en parties égales.

Les cartes géographiques n'offriraient aucune exactitude sans l'indication des degrés de *latitude* et de *longitude*, qui dépendent également de la division de la circonférence en 360 degrés. Dans les globes terrestres on voit les *méridiens*, grands cercles dont l'intersection a lieu aux pôles, couper l'équateur de dix en dix degrés, et les *parallèles*, petits cercles parallèles à l'équateur, couper les méridiens également de dix en dix degrés, ce qui divise la surface du globe en 648 trapèzes dont la surface diminue à mesure que l'on approche des pôles.

264. — On rencontre à chaque instant dans les constructions et dans les objets d'art des angles linéaires, des *angles*

plans et des *angles solides*. Les terrains d'une forme polygo-
nale sont limités par des droites qui forment ensemble des
angles.

Les pièces de terre cultivées sont ordinairement rectangulaires ou s'éloignent peu de cette forme ; on y rencontre, dans
ce dernier cas, des angles aigus et obtus. Un livre ouvert
offre un angle plan. Les angles des meubles, des cheminées,
des maisons, sont des angles solides lorsqu'ils sont composés
de trois angles plans aboutissant au même sommet.

Lorsqu'au billard une bille frappe obliquement une bande,
elle revient sur elle-même en faisant un *angle de réflexion
égal à l'angle d'incidence :* c'est sur la connaissance de ce
principe qu'est fondée l'habileté du joueur.

Une glace réfléchit les objets en faisant un angle d'incidence
égal à l'angle de réflexion ; et c'est ainsi que nous apercevons
dans une glace des objets qui ne sont pas situés vis-à-vis.

C'est également sur la théorie des angles que reposent la
construction des instruments d'optique, des télescopes, des
microscopes, du prisme, et l'explication du phénomène de
l'arc-en-ciel.

265. — Les *parallèles* jouent un rôle très-important dans
les produits industriels.

Les portes, les fenêtres, les grilles de fer, les murs des
maisons, offrent des lignes parallèles. Le laboureur qui cultive bien la terre ouvre des sillons parallèles ; les roues des
voitures tracent des ornières parallèles.

Les typographes ou imprimeurs ont grand soin que toutes
leurs lignes soient à une égale distance, qu'on nomme *inter-
ligne.* Les portées, dans la musique, sont des lignes parallèles.
Dans l'écriture, on fait en sorte de tracer les jambages dans
des directions parallèles ; c'est même le parallélisme parfait
qui constitue la beauté régulière de l'écriture.

Dans le dessin on trace des hachures ou lignes parallèles,
tantôt droites, tantôt courbes.

Nos chemins de fer présentent une application précieuse de

la théorie des parallèles ; les bandes de fonte ou *rails*, sur lesquels roulent les wagons, sont des parallèles.

La régularité des mouvements de nos pompes provient du *parallélisme des surfaces*, qui doivent jouer facilement, mais sans laisser d'espace entre elles. Depuis l'invention des machines à vapeur, il a fallu apporter une grande perfection dans la construction des pistons et des corps de pompe, sous le rapport du parallélisme des surfaces. Pour nos étoffes de fil de soie, de coton et de laine, le parallélisme et l'égalité des fils constituent la régularité de la trame.

On trace les parallèles avec un instrument très-commode, composé de deux règles plates qui s'éloignent ou se rapprochent en conservant une même distance dans toute leur étendue.

On a inventé une machine à tracer les hachures parallèles qui donne une précision admirable dans les gravures.

266. — La *division des droites en lignes proportionnelles* est d'une haute importance dans ses résultats. C'est sur ce principe qu'on trace les *échelles* proportionnelles au moyen desquelles on dessine les plans. C'est aussi sur ce principe que reposent le dessin en miniature et la sculpture réduite à de petites proportions. Tel est aussi le principe du *dessin par treillis*.

267. — Une corde enroulée par la gorge d'une poulie offre l'application de la *tangente à une circonférence*. Voyez fig. 92.

En mécanique, on change les *mouvements circulaires* en *mouvements rectilignes*, et les mouvements rectilignes en mouvements circulaires, lorsqu'on applique à une roue dentée une barre de fer rectiligne armée de dents qui engrènent avec celles de la roue. Ce résultat est souvent d'une importance extrême.

Lorsqu'une pierre est agitée circulairement par le moyen d'une fronde, si l'on abandonne une des extrémités de la corde, la pierre s'échappe de la circonférence en suivant la tangente à cette circonférence.

Buffon, dans sa Théorie de la terre, suppose que les fragments de la surface du soleil ont été lancés dans l'espace en suivant la tangente à la rotation du soleil, et ont ainsi formé la terre et les autres planètes.

268. — C'est sur le tracé des *cercles qui se touchent*, comme dans la fig. 57, que repose la construction des roues dentées de la fig. 97, qui engrènent soit avec une barre de fer rectiligne, soit avec un pignon, soit avec une lanterne.

269. — Le *pantographe* est un instrument ingénieux qui sert à copier les plans, soit en petit, soit en grand. Il est fondé sur le parallélisme des côtés du parallélogramme. Son mécanisme est rendu facile au moyen de petites roulettes; le crayon est placé dans un petit instrument en forme de bilboquet, et soutenu par un fil qui correspond à des poulies, en sorte que le moindre mouvement soulève le crayon, qui cesse aussitôt de tracer.

270. — La forme du *rectangle* est extrêmement employée : les maisons, les portes, les fenêtres, les surfaces des pierres de taille, des tuiles, des briques, des ardoises, sont des rectangles.

Nous avons déjà dit qu'un grand nombre de pièces de terre avaient la forme d'un rectangle. Les livres, les cartes géographiques, le papier à écrire, les journaux, etc., ont aussi la forme d'un rectangle.

271. — Le *carré* a une forme régulière fréquemment employée dans l'ornement ou le décor. Les cases d'un damier sont des carrés égaux. Les faces d'un dé à jouer sont également des carrés.

Nous avons vu fréquemment l'usage des carrés dans les fig. 20, 35, 36, 37, 38, 39, 41, 44, 50, 100, 104, 107, etc., etc.

272. — On trouve dans un grand nombre de produits des arts industriels des formes de *polygones réguliers*. La vitrerie, la parqueterie, la menuiserie, emploient fréquemment des polygones réguliers. La fig. 41 nous a offert l'alliance du

rectangle ot du carré. La fig. 42 nous a présenté un carrelage en *hexagones réguliers*, et la fig. 50 une réunion d'*octogones réguliers* et de *carrés*.

273. — La géométrie enseigne que, de deux polygones qui ont le même contour ou *périmètre*, celui-là est le plus grand qui a le plus grand nombre de côtés. Or, le cercle est considéré comme un polygone d'un nombre infini de côtés : donc c'est le cercle qui, à contour égal avec d'autres polygones, a le plus d'étendue en surface.

Il y a donc avantage de donner la forme circulaire à nos vases, à nos tuyaux pour la conduite des eaux, à nos amphi-théâtres, etc., etc.

274. — Les clochers des églises de village sont presque tous des *pyramides régulières*.

Les *obélisques* ont la forme pyramidale. Les obélisques sont des pyramides assez hautes, mais ayant une base étroite. On les élève sur les places ou dans les jardins publics pour rappeler le souvenir de certains événements.

Les fameuses pyramides d'Égypte, qui ont été rangées au nombre des sept merveilles du monde, étaient des pyramides à base carrée, plus larges que hautes.

275. — La *sphère* ou boule est un des corps géométriques le plus souvent employés. Les boulets de canon, les billes du jeu de billard, celles dont se servent les écoliers, sont des sphères plus ou moins grosses ; les globes terrestres et célestes employés pour l'enseignement de la géographie sont des sphères.

Le globe que nous habitons est une sphère un peu aplatie aux pôles ; les planètes, le soleil, sont également des sphères aplaties.

Une sphère de cristal remplie d'eau et placée entre l'ouvrier et la lampe qui l'éclaire en augmente considérablement la clarté. On adapte également à nos lampes d'appartements des globes de cristal dépolis à l'émeri, pour adoucir l'éclat de la lumière.

276. — La forme cylindrique est très en usage dans les applications industrielles : les tuyaux de poêle, les casseroles, les boîtes rondes, les décalitres, les litres pour la mesure des liquides, sont des cylindres.

Dans le décalitre, le litre, la casserole, etc., le fond est un cercle.

Si deux cylindres ont leurs axes parallèles et sont très-rapprochés l'un de l'autre, le corps qui passera entre ces deux cylindres, que l'on nomme *laminoirs*, sera nécessairement aplati.

C'est au moyen du laminoir que l'on réduit en feuilles minces et planes des morceaux de fer, de cuivre, de plomb.

On emploie encore des laminoirs dans les fabriques de coton, de draps.

Dans les fabriques de *papier à la mécanique*, on se sert aussi de laminoirs garnis de feutre, entre lesquels passe la bouillie du chiffon : elle en sort en feuilles de papier d'une longueur immense.

277. — Le sirop de sucre est déposé dans des *formes coniques*, où il se cristallise : le sucre qui en sort a la forme d'un cône. Les entonnoirs que travaillent les ferblantiers sont également des cônes.

Les colonnes sont des cônes tronqués ; les mâts de vaisseau sont des troncs de cône.

Les baquets, les seaux, sont des cônes tronqués ; les tonneaux à contenir le vin peuvent être regardés comme des cônes tronqués réunis par la base la plus large.

278. — On voit par cet exposé rapide combien sont fécondes les applications de la géométrie. Tous les arts industriels lui font continuellement des emprunts, en sorte qu'il est indispensable que les élèves de nos écoles en aient les premières notions.

INSTRUCTION

L'APPLICATION DE L'ENSEIGNEMENT
DU DESSIN LINÉAIRE.

CHAPITRE XVI.

ENSEIGNEMENT MUTUEL. — ENSEIGNEMENT SIMULTANÉ. — ENSEIGNEMENT INDIVIDUEL.

---

279. — Cette partie de l'ouvrage est spécialement destinée aux professeurs, aux instituteurs et aux pères de famille qui veulent appliquer nos leçons de dessin linéaire.

Les modes d'enseignement étant différents, les modes d'application doivent l'être aussi.

Je diviserai donc cette instruction en trois parties :

1°. Instruction pour l'enseignement mutuel ;

2°. Instruction pour l'enseignement simultané ;

3°. Instruction pour l'enseignement individuel.

§ I. ENSEIGNEMENT MUTUEL [1].

280. — Je suppose une classe d'enseignement mutuel en plein exercice, et dans laquelle on veut introduire l'étude du dessin linéaire.

---

[1] Pour l'application du dessin linéaire à l'enseignement mutuel, voir le *Manuel complet de l'enseignement mutuel*, par MM. Lamotte et Lorain ; ouvrage autorisé par le Conseil royal : 1 vol. in-12, chez L. Hachette. Prix : 2 fr.

Voir encore le *Manuel pour les écoles primaires communales de jeunes filles*, par Mlle Sauvan, 1 vol. in-12.

Le maître devra se pourvoir des objets suivants pour chaque groupe :

1°. D'un mètre, divisé en décimètres et en centimètres, pour les grandes lignes ;

2°. D'un demi-mètre, divisé en décimètres, centimètres et millimètres ;

3°. D'une équerre ;

4°. D'un rapporteur en cuivre ou en corne, avec les divisions sur le limbe en degrés ;

5°. D'un grand compas de bois, ou d'une corde, pour la vérification des courbes ;

6°. D'un fil à plomb pour la mesure des verticales ;

7°. D'un niveau à perpendicule de forme rectangulaire, pour la vérification des horizontales ;

8°. D'un exemplaire du *Cours méthodique de Dessin linéaire*, qui sera entre les mains du moniteur [1].

281. Les planches de l'atlas de cet ouvrage seront collées sur des planchettes de sapin ou sur des feuilles de carton mince bordé de papier de couleur. Le carton épais est moins bon que le carton mince, parce qu'il se brise et fait un mauvais usage dans les classes, comme l'expérience le prouve.

La planche sera confiée pendant la leçon au *moniteur adjoint*, dont nous parlerons plus bas. Il la tiendra devant lui de telle sorte que l'élève appelé au tableau par le moniteur puisse copier la figure et l'examiner avec attention.

282. — Le moniteur a dans les mains l'exemplaire dont nous avons parlé ci-dessus ; c'est à lui qu'est confiée la garde des instruments, qui lui sont donnés par le moniteur général au moment de la classe de dessin linéaire, et à qui il doit les remettre après chaque leçon.

---

[1] Tous ces objets se trouvent chez Saigey et Cie, constructeurs d'instruments de physique, de chimie, de minéralogie, de mathématiques et autres sciences accessoires, à Paris, rue Hautefeuille, 21, près de l'École de Médecine.

283. — Le moniteur général devra toujours avoir dans les mains :

Un demi-mètre,

Un rapporteur,

Un grand compas de bois ou une corde,

Et une équerre.

284. — On pourrait remplacer l'équerre par le **T** dont nous avons parlé plus haut, et qu'on emploie dans beaucoup de classes de dessin linéaire. Ce **T** est divisé en décimètres, centimètres et millimètres, sur la hauteur et la largeur.

Si le tableau noir est bien fait, et si le bord inférieur est parfaitement horizontal, le **T** donnera très-exactement les horizontales et les verticales. Sans cela, il faudra ajouter aux instruments déjà indiqués : 1° un fil à plomb, pour vérifier les verticales; 2° un niveau à perpendicule, pour vérifier les horizontales.

285. — Le moniteur général est responsable de tous les instruments de la classe; il doit en constater l'état avant de les remettre à chaque moniteur, et en constater de nouveau l'état quand la leçon est achevée.

Il aura une petite armoire pour les serrer, et un livret sur lequel l'état des instruments sera certifié tous les mois par le maître. Les noms des élèves qui ont causé des détériorations y seront inscrits. Le maître seul les condamnera à une amende proportionnée au dégât. Sans ces précautions, les instruments se brisent promptement, et la classe se désorganise.

286. — *Moniteur général, moniteurs et suppléants moniteurs.* Sans moniteurs, point d'enseignement mutuel : ce sont eux qui servent d'intermédiaires entre le maître et les élèves ; ce sont eux qui assurent le succès d'une classe.

Il est donc d'une haute importance, pour le maître qui veut introduire dans sa classe l'enseignement du dessin linéaire, de former des moniteurs; c'est par là qu'il faut commencer.

Sur dix élèves, il prendra deux élèves pour les instruire

séparément. Soit *cent vingt* le nombre total des élèves : il choisira parmi eux *vingt-quatre* moniteurs.

Le maître donnera, par jour, à ces vingt-quatre élèves, une leçon de dessin linéaire, soit avant, soit après la classe. Si le maître n'était pas libre de son temps avant ou après la classe, il devrait choisir, pour donner sa leçon particulière, la classe d'écriture, par exemple ; car c'est dans les plus forts en écriture qu'il devra naturellement choisir les moniteurs. D'un autre côté, la leçon d'écriture est moins indispensable à ceux qui sont arrivés à la huitième classe.

Un mois suffira pour instruire les moniteurs et les rendre capables d'enseigner à leurs camarades ce qu'ils auront appris en particulier.

Les moniteurs auront dû être successivement exercés sur le tableau noir et sur le papier.

Si, au bout d'un mois, les moniteurs n'étaient pas très-avancés, ils entreraient néanmoins en fonctions, mais le maître leur continuerait la leçon particulière.

La moitié seulement d'entre eux doivent être moniteurs ; les moins forts seront moniteurs adjoints.

A cet effet, on procédera, au bout d'un mois, à un examen qui aura lieu un jour de congé, et à la suite duquel on nommera le moniteur général, les moniteurs et les moniteurs adjoints.

287. — *Moniteur général.* Le moniteur général, outre la conservation des instruments, des tableaux-modèles et des exemplaires du *Cours méthodique,* est encore chargé de la surveillance des cercles, concurremment avec le maître. Il devra examiner si les moniteurs sont attentifs et s'ils corrigent avec soin les figures tracées par les élèves ; si le suppléant remplit également bien ses fonctions.

Il est chargé en outre des commandements.

288. — *Moniteurs.* Le moniteur doit seul maintenir l'ordre à son cercle ; il marquera les bons et les mauvais points, qui seront donnés immédiatement après le dessin d'une figure.

Le moniteur rectifiera les traits mal contournés et les lignes irrégulières; il vérifiera, au compas ou à la corde, les circonférences et les arcs de cercle.

Dans les premières leçons, il fera dessiner la même figure par tous les élèves. Si cette figure est très-simple, il sera utile de laisser subsister tous les dessins les uns à côté des autres, afin de les comparer : l'émulation y trouve un aliment continuel.

Quand les figures seront plus compliquées, on pourra en laisser deux ou trois à la fois sur le tableau. Ce procédé est préférable à celui d'effacer immédiatement chaque figure aussitôt qu'elle est tracée.

Enfin, quand les figures deviendront très-difficiles, il sera impossible d'en dessiner un grand nombre dans une seule seance.

Les moniteurs prendront alors le nom des élèves qui ont été envoyés au tableau, de manière que chacun conserve son tour dans les seances suivantes.

Le moniteur exigera que l'élève appelé trace lentement ses lignes, et les recommence si elles sont trop grosses.

289. — *Moniteurs adjoints.* Les moniteurs adjoints sont très-essentiels. Ils remplacent les moniteurs en cas d'absence; ils sont capables de les suppléer, puisqu'ils ont reçu les mêmes leçons particulières. Quand le moniteur adjoint remplace le moniteur, l'élève qui était le premier à la dernière leçon devient *adjoint provisoire.*

Le moniteur adjoint se place dans l'intérieur du cercle et sur le côté; il est chargé du tableau-modèle, il en est responsable.

Quand une figure est tracée, l'adjoint suspend son tableau à un clou placé sur le côté où il se trouve. Le moniteur lui remet le demi-mètre et l'équerre, avec lesquels il vérifie les verticales, les horizontales et les obliques, pendant que le moniteur rectifie la figure au moyen de la craie.

Ce partage dans les fonctions offre de grands avantages quand le moniteur et l'adjoint s'entendent bien.

Le moniteur général doit veiller à ce que cet accord subsiste toujours.

290. — *Dessin sur l'ardoise.* Jusqu'à présent, nous avons supposé les élèves au cercle et devant le tableau noir ; s'il se trouvait dans la classe de jeunes enfants, on les fera dessiner sur l'ardoise. Nous croyons ce moyen préférable à celui de laisser les jeunes enfants en classe d'écriture.

Un moniteur leur tracera un modèle sur une ardoise qu'il tiendra élevée, et qu'il montrera aux enfants jusqu'à ce qu'ils aient fini de copier. Alors il placera successivement le modèle à côté de chaque ardoise, et corrigera les fautes.

Il suivra, quant au commandement, la même marche que pour les autres exercices.

291. — Commandements. *Classe de dessin linéaire.* Ce commandement est fait par le moniteur général à l'estrade. C'est un signal.

Après les signes pour préparer les élèves à sortir et pour les faire sortir des bancs, le moniteur général dit :

Moniteurs, à l'estrade ! Alors il donne à chacun d'eux la craie, les instruments qui leur sont nécessaires ; au suppléant, le tableau-modèle, et au moniteur, l'exemplaire du *Cours méthodique de dessin linéaire.*

Quand les moniteurs sont de retour à leurs bancs, le moniteur général dit :

En classe de dessin linéaire ! Les élèves se rendent à leurs groupes ; les plus jeunes, qui sont à l'ardoise, entrent dans les bancs.

Au commandement : *Commencez !* les élèves aux tableaux et à l'ardoise commencent leurs dessins.

Commandements du moniteur pour l'ardoise. *Attention !* Les élèves se disposent. — *Tracez !* Le moniteur nomme la figure qu'il a tracée lui-même sur une ardoise.

Quand l'ardoise est suffisamment remplie, le moniteur dit :

Correction! Il corrige chaque élève l'un après l'autre, ayant soin de marquer sur une ardoise les bons et les mauvais points.

Ensuite le moniteur porte la main droite à la bouche, et la gauche à la hauteur de la ceinture : c'est le signe pour préparer à nettoyer les ardoises.

Le moniteur agite sa main horizontalement. A ce nouveau signe les ardoises sont effacées, et l'on recommence.

§ II. ENSEIGNEMENT SIMULTANÉ [1].

292. — Dans l'enseignement simultané il y a trois divisions de dessin linéaire; il peut y en avoir cinq, si l'on veut que tous les enfants dessinent, ce qui est le meilleur parti à prendre. Dans ce cas, le maître fait travailler lui-même les 5ᵉ, 4ᵉ et 3ᵉ classes, et laisse à de bons premiers de table le soin de faire travailler la 1ʳᵉ et la 2ᵉ classe. Cependant le maître fera venir de temps en temps ces deux dernières classes au grand tableau, pour s'assurer des progrès. S'il n'y a que trois classes de dessin linéaire, c'est le maître qui s'en occupera : les autres enfants entreront en classe d'écriture.

Les élèves dessinent à leurs places sur des cahiers oblongs. Cette forme convient mieux que toute autre au dessin linéaire, parce qu'elle permet aux enfants de tenir leurs cahiers avec plus de soin et de propreté.

On emploie, pour dessiner, un crayon de mine de plomb de bonne qualité, et un morceau de gomme élastique. Mais d'abord on dessinera sans instruments et on ne se servira ni de règle ni de compas. Le maître interdira rigoureusement l'usage des bandes de papier qui peuvent tenir lieu de compas et de règles.

La 5ᵉ classe vient la première autour de la table du maître, qui examine ce qui a été dessiné dans les bancs; il donne les

---

[1] Pour l'application du dessin linéaire à l'enseignement simultané, voir le *Manuel complet de l'enseignement simultané*, par MM. Lamotte et Lorain ; ouvrage autorisé par le Conseil royal. 1 vol. in-12, chez L. Hachette. Prix : 2 fr.

conseils pour la correction et fait placer les élèves autour du tableau noir, où il explique les principes du dessin linéaire, et fait dessiner à la craie.

La 4ᵉ classe vient à son tour, ainsi que la 3ᵉ.

Le maître doit être pourvu des instruments que nous avons indiqués dans l'enseignement mutuel.

293. — Dans l'enseignement simultané, il y a, comme dans l'enseignement mutuel, 1° des exercices au tableau noir avec la craie; 2° des exercices aux bancs avec le crayon de mine de plomb; 3° des exercices aux bancs avec des instruments.

Exercices au tableau noir. Le maître désigne un élève, et lui fait tracer à la main et sans instruments une des figures qui composent les planches destinées à sa classe; il fait rectifier à la main par un autre élève, et enfin il corrige lui-même à la règle et avec le compas de bois.

Dessin dans les bancs. On dessine dans les bancs sur des cahiers oblongs, ou sans instruments, ou avec des instruments.

Si l'on dessine sans instruments, il suffit d'avoir un crayon de mine de plomb et un morceau de gomme élastique.

Si l'on dessine avec des instruments, il faut : 1° des règles; 2° un compas avec ses pointes de rechange; 3° un rapporteur en corne; 4° une équerre; 5° un crayon et de la gomme.

Les modèles sont suspendus devant les élèves, qui les copient.

§ III. ENSEIGNEMENT INDIVIDUEL.

294. — Le plus grand défaut de ce mode d'enseignement, c'est qu'il oblige le maître à partager ses soins et son temps entre un trop grand nombre d'élèves.

Les progrès en dessin linéaire ne sont pas les mêmes chez tous les enfants; la différence est plus tranchée que dans les autres exercices, car la volonté seule ne suffit pas pour bien faire. Il est vrai qu'avec de la persévérance on parvient à vaincre toutes les difficultés; mais quelques jeunes enfants sont d'une maladresse qui rebute le zèle du maître.

Les élèves font nécessairement plus ou moins de progrès selon leurs dispositions naturelles; et comment un seul maître pourra-t-il tout corriger ?

295. — Dans l'enseignement individuel, on emploie deux modes différents pour dessiner : 1° *le dessin linéaire sans instruments; 2° le dessin linéaire graphique.*

296. — *Dessin linéaire sans instruments.* Dans l'enseignement individuel, l'élève sera muni de notre atlas de planches, d'un côté, et d'un exemplaire du *Cours méthodique,* de l'autre, pour étudier la marche à suivre dans le dessin de chaque figure.

Il aura de plus un cahier oblong en papier vélin, un bon crayon de bois un peu tendre, un *Brockmann,* s'il est possible, ou un *Conté*[1], et un morceau de caoutchouc (gomme élastique).

En corrigeant, le maître se fera rendre compte du dessin; il questionnera l'élève pour voir s'il a compris son texte, et s'il l'a consulté avant de commencer.

297. — Ici se présente la question de savoir s'il faut exiger une grande perfection dans le travail, l'élève marchant à pas lents, mais sûrs; ou s'il faut user d'indulgence, dans la crainte de le décourager en le retenant trop longtemps sur la même figure.

Cette question est grave : elle partage les professeurs de dessin dans les diverses académies. Plusieurs peintres habiles pensent qu'il vaut mieux changer fréquemment de modèles, et que la perfection arrive par degrés insensibles.

Contrairement à cet avis, nous croyons qu'il vaut mieux aller très-lentement d'abord; que plus tard on en sera pleinement récompensé : notre expérience particulière nous a fait remarquer que la lenteur des progrès venait de la légèreté

---

[1] **Les Brockmann sont des crayons anglais excellents; ceux de Conté sont bons et peuvent les remplacer.**

mise à étudier les principes, et de l'impatience d'arriver tout de suite à dessiner des figures compliquées.

Cette règle n'est pas cependant tellement invariable qu'on ne puisse s'en départir quelquefois en faveur d'enfants pleins d'intelligence, mais d'une extrême vivacité d'imagination. On dégoûterait bientôt, par trop d'exigence, les élèves de ce caractère.

Nous conseillons aux maîtres et aux pères de famille qui suivront notre méthode de faire rester sur les premières figures jusqu'à ce qu'elles soient parfaitement dessinées. La réussite anime les enfants, leur donne la conscience de leur adresse, et bientôt *ils veulent faire très-bien :* quand on est arrivé à ce point, la tâche du maître devient facile; il n'a plus qu'à maintenir ces bonnes dispositions, et à soutenir le courage, qui chancelle fréquemment, même chez les sujets les plus distingués.

Il est vrai qu'on marchera moins vite dans le commencement; mais ce retard n'est que momentané : on en sera dédommagé ensuite par des succès rapides.

Nous ajoutons cependant qu'il faut savoir distinguer entre la légèreté capricieuse d'un enfant ardent et le dégoût réel qu'inspirerait l'impuissance de bien faire. Dans ce dernier cas, on fait avancer, sans abandonner toutefois la figure qui semble difficile.

Nous osons croire qu'avec notre méthode, des obstacles bien grands n'arrêteront pas les élèves. Nous nous sommes occupé soigneusement de graduer les difficultés ; une figure conduit à une autre sans transition brusque et soudaine. Si des figures sont quelquefois très-compliquées, ou d'une régularité difficile à obtenir, nous avons pris soin d'avertir qu'on pouvait les faire négliger aux élèves les moins forts.

Quand les planches auront été copiées à vue, et copiées une seconde fois avec le secours des instruments, l'élève saura du dessin linéaire élémentaire ce qu'il faut en savoir ; il sera même en état de composer et de créer des dessins nouveaux.

On peut ajouter au *Cours méthodique de dessin linéaire* la seconde Partie ou *Cours supérieur,* qui contient des modèles d'ornements, d'ameublements, de vases, d'architecture et de machines, en 15 planches.

298. — *Dessin linéaire graphique.* Au dessin linéaire sans instruments succédera le dessin linéaire graphique. On remettra alors à l'élève :

1°. Un compas avec sa pointe, son tire-ligne et son porte-crayon ;

2°. Un rapporteur ;

3°. Un tire-ligne ;

4°. Une échelle de proportion ;

5°. Une équerre ;

6°. Un double décimètre triangulaire en buis.

C'est avec intention que nous avons fait précéder le dessin sans instruments. Il peut paraître au premier abord plus difficile que le dessin à la règle et au compas ; mais il n'en est rien. Les élèves qui dessinent sans instruments croiront, les premiers jours, ne pouvoir jamais réussir ; ils seront tout surpris, au bout de quelques semaines, de la facilité qu'ils auront à tracer des figures compliquées ; surtout si le maître a exigé, dans les commencements, une grande netteté et une correction parfaite dans le travail.

Le dessin graphique présentera un résultat inverse.

Avec un compas et une règle, l'élève croira tout facile, parce qu'il n'aura plus à s'occuper du calcul des distances ; ce ne sera cependant pas tout de suite qu'il dessinera avec correction.

299. — Rien ne paraît plus simple que de tracer une droite à la *règle ;* mais il faut des précautions pour le bien faire.

Ainsi, et avant toute chose, il faut une règle bien juste ; il faut une bonne plume ou un bon tire-ligne ; il faut encore de l'encre qui ne soit ni trop épaisse ni trop liquide.

Les règles dont les écoliers se servent habituellement sont

défectueuses pour la plupart : elles se courbent sous l'influence du froid et du chaud, car elles sont faites ordinairement avec du bois qui n'est pas parfaitement sec.

Je ne suppose pas que les élèves emploient, pour dessiner, des carrés ordinaires, qu'ils mutilent avec leurs canifs ou en frappant les murs et les tables : de semblables instruments doivent être sévèrement interdits.

300. — Pour s'assurer que la règle dont on veut se servir est juste, on trace une droite, ensuite on la retourne bout à bout. Si l'arête de la règle couvre parfaitement la droite tracée, c'est une preuve que la règle est juste. Tel est le moyen dont se servent les architectes et les ingénieurs.

Dans l'usage ordinaire, on applique l'œil à une des extrémités de la règle, et on aperçoit ainsi les imperfections grossières ; mais le moyen indiqué ci-dessus est préférable.

301. — Le *tire-ligne*, en bon état et proprement tenu, est un instrument qui rend de grands services pour le dessin linéaire ; sans lui, il est impossible de bien tracer une longue ligne ; une bonne plume, du genre de celles appelées *bouts d'ailes*, ou, ce qui vaut mieux encore, une plume de corbeau, peut remplacer le tire-ligne.

302. — L'*encre de Chine* est bien préférable pour le dessin linéaire à l'encre commune. Si l'on n'avait pas d'encre de Chine, on se servirait d'encre ordinaire ; mais il faut la verser dans une soucoupe ou dans un godet, et la renouveler toutes les fois que l'on s'en sert, en la passant dans un linge.

303. — Un *compas*, pour être parfait, doit avoir ses pointes égales, bien fines, et sa charnière assez ferme pour que les pointes ne puissent s'écarter pendant le tracé des circonférences et des arcs, quoique cédant facilement aussi à la moindre pression pour écarter les branches. Si la charnière est trop mobile, il est impossible de rien faire d'exact.

On ne saurait trop recommander aux jeunes gens d'avoir le plus grand soin de leur compas, de le nettoyer souvent, et surtout de ne pas s'en servir pour percer des cahiers.

Il est important aussi de ne pas trop charger d'encre la plume dont on se sert; sans cette précaution, on s'expose à faire des traits malpropres et à tacher ses dessins.

304. — Bien se servir du *rapporteur* et de *l'échelle de proportion* demande encore quelque exercice. Mais, avec les soins et la surveillance du maître, on surmontera promptement les difficultés que présente le dessin graphique. — Je n'entre pas ici dans de plus longs détails sur le dessin à la plume et au tire-ligne, ayant développé ce sujet dans la troisième Partie de mon **Traité élémentaire d'arpentage et de lavis des plans.**

QUESTIONS

LE DESSIN LINÉAIRE

SERVANT D'EXAMEN POUR CONSTATER LE TRAVAIL DES ÉLÈVES.

CHAPITRE XVII.

305. — Les élèves, après avoir lu attentivement les explications qui précèdent chaque figure, doivent connaître les principes sur lesquels elles ont été construites ; mais, comme ces définitions sont disséminées dans différents chapitres et s'oublient facilement, nous en avons formé une série de questions, que les maîtres feront apprendre à leurs élèves, et sur lesquelles ceux-ci devront répondre sans hésitation.

Les questions seront faites par le moniteur, ou par le maître, ou par les inspecteurs d'écoles primaires et les membres du comité qui viendront visiter l'école.

Dans tous les cas, le maître devra consacrer au moins une leçon chaque mois à interroger lui-même.

Le maître adresse une question à un élève ; si l'élève répond bien, il adresse la question suivante à l'élève placé à côté du premier ; si l'élève répond mal, le maître dit aussitôt : *Suivant !* et si le suivant ne sait pas davantage, le maître continue : *Suivant !* jusqu'à ce qu'il trouve un élève capable de bien répondre. Si aucun élève n'a répondu d'une manière satisfaisante, le maître lira à haute voix la réponse, et exigera que chaque élève la répète successivement. Si un ou plusieurs élèves ne savent pas, le maître leur fera répéter la réponse donnée par un des suivants.

Demande. Qu'est-ce que le dessin linéaire?

Réponse. C'est l'art de tracer le contour des objets, d'indiquer les figures par de simples traits. Ce genre de dessin s'appuie sur les principes de la géométrie.

D. Qu'est-ce que le dessin proprement dit?

R. C'est l'art de représenter sur une surface plane les corps de la nature, en faisant illusion à l'œil au moyen des ombres, des clairs et des demi-teintes.

D. A quoi sert le dessin linéaire?

R. Il sert à exprimer sa pensée avec des lignes; il est utile dans toutes les positions de la vie. Si l'on est ouvrier, le travail en devient beaucoup plus facile; si l'on est chef d'atelier, on prépare sans peine le travail à ses ouvriers; si l'on est propriétaire et si l'on veut faire construire, on se fait comprendre en un instant du chef d'atelier, et même des ouvriers, en leur traçant le contour de l'objet qu'on désire.

D. Est-il toujours nécessaire de dessiner avec une précision mathématique?

R. Non. Quand on a besoin d'une approximation, la justesse, qui, dans ce cas, n'est pas indispensable, doit être remplacée par la rapidité du tracé.

Si, au contraire, un maître ou un chef d'atelier prépare le travail de ses ouvriers, les mesures doivent être parfaitement exactes : il faut alors se servir d'instruments.

D. Combien distingue-t-on d'espèces de dessin linéaire?

R. Deux espèces : le dessin linéaire à vue et sans instruments, et le dessin graphique avec des instruments.

D. Qu'est-ce qu'une ligne droite?

R. C'est le plus court chemin d'un point à un autre.

D. Qu'est-ce qu'un angle?

R. C'est l'espace renfermé entre deux droites qui se coupent en un point, nommé point d'*intersection*. Les droites prennent alors le nom de *côtés*, et le point d'intersection est appelé le *sommet* de l'angle.

D. Qu'est-ce qu'un angle droit?

R. C'est un angle formé par une droite perpendiculaire sur une autre droite.

D. Qu'est-ce qu'une perpendiculaire?

R. C'est une droite qui, en tombant sur une autre, forme avec cette droite deux angles adjacents égaux.

D. Qu'est-ce qu'un angle aigu?

R. C'est un angle plus petit qu'un angle droit.

D. Qu'est-ce qu'un angle obtus?

R. C'est un angle plus grand qu'un angle droit.

D. Combien y a-t-il d'espèces de lignes droites?

R. Il y en a plusieurs : la verticale, l'horizontale, l'oblique de droite à gauche et l'oblique de gauche à droite, la perpendiculaire, etc., etc.

D. Qu'est-ce qu'une ligne verticale?

R. C'est la ligne suivant laquelle tombent les corps pesants lorsqu'ils sont abandonnés à eux-mêmes : elle est déterminée par le fil à plomb librement suspendu.

D. Qu'est-ce qu'une horizontale?

R. C'est la ligne qui répond au niveau de l'eau tranquille : elle fait un angle droit avec la verticale.

D. Qu'est-ce qu'une oblique?

R. C'est une droite qui, rencontrant une autre droite, fait avec celle-ci un angle aigu d'un côté et obtus de l'autre.

D. Comment vérifie-t-on une verticale?

R. Avec un fil à plomb.

D. Comment vérifie-t-on l'horizontale?

R. Avec un niveau dit *niveau à perpendicule*.

D. Qu'est-ce qu'un mètre?

R. Le mètre est une mesure de longueur égale à la dix-millionième partie de la distance du pôle à l'équateur : il est divisé en 10 décimètres, le décimètre en 10 centimètres, le centimètre en 10 millimètres. On ne va pas plus loin dans la pratique.

D. En combien de parties se divise un angle droit?

R. En 90 angles d'un degré ou en 100 angles d'un grade. Le degré est divisé en 60 parties égales ou minutes; le grade, en 100 parties égales ou minutes décimales; la minute est divisée en 60 parties égales ou secondes; la minute décimale en 100 parties égales ou secondes décimales. On ne va pas plus loin dans la pratique.

D. Comment réduit-on des degrés en grades?

R. En multipliant le nombre donné par 10, et en divisant le produit par 9. Le quotient est le nombre demandé.

D. Comment réduit-on les minutes en minutes décimales, et les secondes en secondes décimales?

R. Pour les minutes, en multipliant le nombre proposé par 100, et en divisant le produit par 54; pour les secondes, en multipliant par 1000, et en divisant par 324.

D. Comment réduit-on les grades en degrés?

R. En multipliant le nombre proposé par 9, et en divisant par 10 le produit. Le quotient est le nombre demandé.

D. Comment réduit-on des minutes et secondes décimales en minutes et en secondes de l'ancienne division?

R. En multipliant, pour les minutes, par 54, et en divisant le produit par 100; pour les secondes, en multipliant par 324, et en divisant par 1000.

D. Quel est l'angle aigu le plus petit possible?

R. D'après la division en minutes et en secondes qui a été donnée, l'angle aigu le plus petit est celui d'une seconde, ancienne division, ou d'une seconde décimale. On pourrait encore diviser la seconde en 60 tierces : alors l'angle aigu le plus petit serait l'angle d'une tierce, etc.

D. Quel est l'angle obtus le plus grand possible?

R. D'après notre division, l'angle obtus le plus grand possible est celui de 179 degrés 59′ 59″.

D. Quel est le plus grand angle droit possible?

R. Ils sont tous égaux, c'est-à-dire de 90 degrés.

D. Qu'est-ce qu'un triangle?

R. C'est l'espace renfermé par trois droites qui se coupent deux à deux ; les droites s'appellent côtés.

D. Qu'est-ce qu'un triangle équilatéral?

R. C'est un triangle dont les trois côtés sont égaux.

D. Qu'est-ce qu'un triangle isocèle?

R. C'est un triangle dont deux côtés sont égaux.

D. Qu'est-ce qu'un triangle rectangle?

R. C'est un triangle qui a un angle droit.

D. Qu'est-ce qu'un quadrilatère?

R. C'est l'espace renfermé entre quatre droites ou côtés.

D. Qu'est-ce qu'un carré?

R. C'est un quadrilatère dont les angles sont droits et les côtés égaux.

D. Qu'est-ce qu'un parallélogramme?

R. C'est un quadrilatère dont les côtés opposés sont parallèles et égaux deux à deux, les angles n'étant pas droits.

D. Qu'appelle-t-on lignes parallèles?

R. Ce sont des droites qui, situées dans le même *plan*, ne peuvent jamais se rencontrer, à quelque distance qu'on les prolonge.

D. Qu'est-ce qu'un plan?

R. Le plan est une surface telle que, si l'on y prend deux points à volonté, et si on les joint par une droite, la droite se trouve tout entière dans le plan.

D. Qu'est-ce qu'une losange?

R. C'est un quadrilatère dont les côtés sont égaux et dont deux angles sont aigus et deux obtus.

D. Que remarquez-vous dans la losange?

R. Les deux diagonales se coupent à angles droits.

D. Qu'est-ce qu'une diagonale?

R. C'est la droite qui unit les sommets de deux angles non adjacents.

D. Qu'est-ce qu'un rectangle?

R. C'est un quadrilatère dont les angles sont **droits** et les côtés opposés égaux deux à deux seulement.

D. Qu'est-ce qu'un polygone?

R. C'est l'espace renfermé entre plusieurs côtés qui se coupent deux à deux : le triangle, le quadrilatère, sont des polygones.

D. Qu'est-ce qu'un polygone régulier?

R. C'est un polygone dont les angles sont égaux, ainsi que les côtés. Tout polygone qui ne remplit pas ces deux conditions est irrégulier.

D. Qu'est-ce qu'un pentagone régulier?

R. C'est un polygone à cinq côtés égaux, dont les angles sont aussi égaux.

D. De combien de degrés sont les angles du pentagone régulier?

R. Chaque angle est de 108 degrés.

D. Quelle est la longueur des côtés d'un pentagone régulier?

R. Cette longueur est indéterminée : il suffit que tous les côtés soient égaux. Il en est de même pour tous les polygones réguliers.

D. Qu'est-ce qu'un hexagone régulier?

R. C'est un polygone à six côtés égaux, dont les angles sont égaux entre eux.

D. Quelle est la mesure des angles de l'hexagone en degrés?

R. Chaque angle de l'hexagone est de 120 degrés.

D. Qu'est-ce qu'un octogone régulier?

R. C'est un polygone à huit côtés égaux, dont tous les angles sont égaux.

D. Quelle est la mesure des angles de l'octogone?

R. Chaque angle de l'octogone est de 135 degrés.

D. Comment trouve-t-on la valeur des angles des polygones réguliers?

R. En retranchant 2 du nombre des côtés, et en multipliant le reste par deux angles droits, c'est-à-dire par 180 degrés; il ne s'agira plus que de diviser le produit par le nombre des angles du polygone. Le quotient sera la mesure de chaque angle.

Exemple. Cherchons la valeur de l'angle de l'octogone. Le polygone a 8 côtés; retranchons 2, il reste 6, que nous multiplions par 180, ce qui nous donne pour produit 1080 : divisant 1080 par le nombre des angles, qui est 8, le quotient est 135 degrés, nombre indiqué ci-dessus.

D. Qu'est-ce qu'une pyramide triangulaire?

R. Une pyramide est un corps formé de plusieurs plans, qui vont tous aboutir à un point nommé *sommet de la pyramide*; elle est appuyée sur une base qui peut être triangulaire, quadrangulaire, pentagonale, hexagonale, etc. : alors la pyramide est dite ou triangulaire, ou quadrangulaire, ou pentagonale, ou hexagonale, etc.

D. Qu'est-ce qu'un cube?

R. Un cube est un corps régulier formé de six surfaces carrées égales : un dé à jouer est un cube.

D. Qu'est-ce qu'un prisme?

R. Un prisme est un corps composé de deux polygones égaux opposés, dont les côtés sont joints par des plans. Les arêtes d'un prisme sont parallèles et égales; si les arêtes ne sont pas égales, le prisme alors est appelé *prisme tronqué*.

D. Qu'est-ce qu'un prisme triangulaire droit?

R. Un prisme triangulaire droit est un prisme dont les bases supérieure et inférieure sont des triangles égaux, et dont les sommets des angles sont réunis par des perpendiculaires à la base.

D. Qu'est-ce qu'un prisme triangulaire oblique?

R. C'est un prisme triangulaire dont les arêtes sont obliques à la base.

D. Qu'est-ce qu'une arête?

R. C'est la ligne qui unit deux angles dans un solide : ainsi, par exemple, dans cette classe (l'élève montre la classe), les lignes qui unissent le plafond au mur sont des arêtes.

D. Qu'est-ce qu'un parallélipipède?

R. Un parallélipipède est un prisme dont toutes les faces sont des parallélogrammes. Si les arêtes sont perpendiculaires à la base, le parallélipipède est droit ; si les arêtes sont obliques, le parallélipipède est oblique.

D. Qu'est-ce qu'un prisme pentagonal, hexagonal, octogonal?

R. C'est un prisme dont la base est un pentagone, un hexagone ou un octogone.

D. Qu'est-ce qu'un prisme régulier?

R. C'est un prisme dont les bases opposées sont des polygones réguliers.

D. Qu'est-ce qu'une pyramide quadrangulaire?

R. C'est une pyramide dont la base est un quadrilatère.

D. Qu'est-ce qu'une pyramide pentagonale, hexagonale, octogonale?

R. C'est une pyramide dont la base est un pentagone, un hexagone, un octogone. Ordinairement les bases des pyramides sont des polygones réguliers.

D. Comment divise-t-on une horizontale, une verticale et une oblique, en quatre parties égales?

R. En divisant chacune de ces droites d'abord en deux parties égales, et chacune de ces parties en deux moitiés.

D. N'y a-t-il pas une observation importante à faire sur la division des verticales et des obliques qui s'en rapprochent?

R. C'est que, l'œil n'étant pas de niveau avec toutes les parties de la verticale, celles qui se trouvent plus haut et plus bas que l'œil sont vues en raccourci, de telle sorte que les divisions supérieures et inférieures se trouvent les plus grandes, et celles du milieu les plus petites. Cette remarque ne s'applique qu'aux lignes étendues. On y remédie en prenant le niveau pour chaque division.

D. Comment peut-on diviser un angle en deux, en quatre, en huit parties égales?

R. En le divisant d'abord en deux parties égales, et ensuite en subdivisant chaque partie en deux moitiés.

D. En divisant les côtés d'un carré en deux parties égales, et en tirant des droites, en combien de parties avez-vous divisé le carré?

R. En quatre carrés égaux.

D. Comment peut-on doubler un carré donné?

R. En joignant deux angles opposés du carré par une *diagonale*; cette diagonale est le côté d'un carré double.

D. Comment peut-on construire un carré moitié d'un carré donné?

R. En menant deux diagonales. La rencontre des diagonales donnera quatre lignes égales; chacune d'elles sera le côté d'un carré deux fois plus petit.

D. Qu'est-ce qu'un parquet?

R. C'est un compartiment en bois qui se place sur le plancher inférieur, et qui est soutenu par de petites solives étroites, nommées lambourdes.

D. Que coûte le mètre carré de parquet?

R. Le mètre carré de parquet ordinaire en chêne, de 3 centimètres d'épaisseur, posé de niveau, cloué, compris la fourniture et la pose des lambourdes en chêne de 4 centimètres d'épaisseur, coûte à Paris 16 fr. 40 c.; le point de Hongrie coûte 11 fr. 60 c. le mètre carré.

D. Que coûte un carrelage de salle à manger en pierre de liais et en petits carreaux de pierre noire?

R. Ce carrelage ne convient qu'à des maisons riches, car il coûte de 11 à 14 fr. le mètre carré; il est remplacé avec économie par les carreaux en terre cuite à six pans, qui ne coûtent que 3 fr. le mètre carré. Les carreaux de forme carrée coûtent beaucoup moins, mais ils ne sont pas aussi agréables à l'œil.

D. Que coûte un chambranle de cheminée en marbre ?

R. Nous supposons la cheminée construite par le maçon. Pour la revêtir en marbre de Sainte-Anne, il en coûte de 28 à 30 fr. ; en marbre de Malplaquet, de 30 à 35 fr., si l'on veut . une cheminée simple ; quand on la désire galbée, elle coûte de 150 à 180 fr. Certaines cheminées en marbre précieux coûtent de 300 à 1,200 fr.

D. Quel est le prix d'un poêle de salle à manger complet, en faïence émaillée ?

R. De 120 à 150 fr.

D. Quel est le prix du mètre carré de stuc ?

R. Le mètre carré de stuc blanc veiné coûte 15 fr.; le mètre carré de stuc jaune coûte 18 fr.

D. Que coûtent les portes d'appartement?

R. Les portes pleines en chêne, de 4 centimètres d'épaisseur, à cadres et à panneaux de 2 centimètres d'épaisseur, se comptent à raison de 14 fr. le mètre carré ; les portes vitrées se payent le même prix ; quand elles sont à panneaux, elles coûtent de 50 à 60 fr., selon la moulure et le travail.

Les chambranles en chêne, de 4 centimètres d'épaisseur, de 8 à 10 centimètres de largeur, se comptent à raison de 1 fr. 80 c. le mètre linéaire.

Les fiches à vase de la ferrure, ayant 17 centimètres de hauteur, valent 75 c. la pièce ; un bonne serrure de 17 centimètres, à tour et demi et à bouton double, vaut de 6 à 9 fr.

D. Que coûtent les croisées ?

R. Les croisées à deux vantaux de 4 centimètres d'épaisseur, dormants de 5 centimètres sur 7, avec jet d'eau, se comptent au mètre courant, indépendamment de la largeur : le mètre courant vaut 19 fr. ; la ferrure d'une croisée se compte de 20 à 25 fr.

D. Quelle est la hauteur d'un comble ?

R. A Paris, on la prend du tiers de la base ; cette hauteur varie selon le climat : dans le nord elle est plus grande, dans le midi beaucoup moindre ; en Italie, les maisons sont généralement couvertes de terrasses.

D. Distingue-t-on plusieurs espèces de combles ?

R. On en distingue trois : 1° les combles en charpente ; 2° les combles en menuiserie ; 3° les combles en briques.

D. Qu'entendez-vous par treillages agrestes ?

R. Ce sont des treillages qui servent à entourer les bassins, les gazons, les portions de parc réservées aux animaux. On les construit en châtaigner, et on leur donne les formes les plus variées. Le mètre courant vaut 3 fr. 75 c. ; le treillage d'application le long des murs ne se paye que 70 c. le mètre carré.

D. Qu'est-ce qu'une circonférence ?

R. C'est une courbe dont tous les points sont à égale distance d'un autre point nommé centre.

D. Qu'est-ce qu'un rayon ?

R. C'est une droite qui part du centre et aboutit à la circonférence.

D. Qu'est-ce qu'un diamètre ?

R. C'est une droite qui passe par le centre, et dont les deux extrémités aboutissent à la circonférence.

D. Qu'est-ce qu'un cercle ?

R. C'est l'espace renfermé par la circonférence.

D. Comment peut-on diviser une circonférence en huit parties égales ?

R. En tirant deux diamètres, l'un horizontal, l'autre vertical, et en divisant l'espace compris entre leurs extrémités en deux parties égales. Si l'on continuait la bissection (division en deux parties égales), la circonférence se trouverait divisée en 16, en 32 et en 64 parties. Nous pouvons donc inscrire dans un cercle des polygones réguliers de 4, 8, 16, 32, 64, etc., côtés.

D. Comment peut-on inscrire un triangle équilatéral dans un cercle donné ?

R. On portera six fois le rayon sur la circonférence, et,

en joignant les points de division de deux en deux, on aura un triangle équilatéral inscrit. Par la bissection des arcs, on divisera la circonférence en 12, 24, 48, 96, etc., parties. Nous pouvons donc, par ce moyen, inscrire des polygones réguliers de 3, 6, 12, 24, 48, etc., côtés.

D. Qu'entendez-vous par des cercles tangents ?

R. Ce sont des cercles qui se touchent en un seul point. On dit qu'un cercle est tangent à une droite quand il touche cette droite en un seul point.

D. Qu'entendez-vous par des cercles concentriques ?

R. Ce sont des cercles qui ont un centre commun.

D. En combien de degrés est divisée une circonférence ?

R. Toute circonférence, grande ou petite, se divise en 360 degrés.

D. Qu'est-ce qu'une ellipse ?

R. L'ellipse, qu'il ne faut pas confondre avec l'*anse de pannier*, et que les artistes désignent vulgairement sous le nom d'*ovale*, est un cercle aplati sur un sens et qui a deux axes d'inégale longueur.

D. Qu'est-ce qu'un cône ?

R. Un cône est un corps rond dont la base est un cercle. Un pain de sucre donne l'idée d'un cône. Le cône est tronqué, si l'on a retranché quelque portion de la partie supérieure; il est droit, si la hauteur est perpendiculaire sur la base; il est oblique, si la droite qui joint le sommet au centre de la base est une oblique à la base.

D. Qu'est-ce qu'un cylindre ?

R. On appelle cylindre un corps rond dont les bases opposées sont des cercles. Un tuyau de poêle, un tuyau pour la distribution des eaux, sont des cylindres. La hauteur d'un cylindre est la perpendiculaire abaissée du centre du cercle supérieur sur le cercle inférieur, ou sur le prolongement. Le cylindre est droit quand la droite qui joint les centres des deux cercles est cette perpendiculaire; si la ligne qui joint les centres est oblique, le cylindre lui-même est oblique.

D. Qu'est-ce qu'une sphère ?

R. C'est un corps rond dont tous les points de la surface sont à égale distance d'un point intérieur nommé centre.

D. La terre, sur la surface de laquelle nous habitons, est-elle une sphère ?

R. C'est un sphéroïde, c'est-à-dire une espèce de sphère dont tous les rayons ne sont pas égaux. La terre, en effet, est aplatie aux pôles, et légèrement renflée à l'équateur.

D. La terre est-elle immobile ?

R. Non : elle tourne sur elle-même en 24 heures, et autour du soleil en 365 jours 5 heures 48 minutes 51 secondes 6 dixièmes. Ces mouvements expliquent les jours et les nuits, ainsi que les saisons.

D. Qu'entend-on par ogives ?

R. Ce sont des arceaux qui passent au dedans d'une voûte d'un arc à l'autre. On appelle encore ogives des ornements de sculpture dont le contour est en forme de trèfles.

D. Qu'est-ce qu'une rosace ?

R. Une rosace est un ornement de forme circulaire, représentant une fleur de la famille des rosacées. Il faut remarquer que l'art de l'ornement a adopté pour chaque fleur des formes qui ne sont pas l'imitation de la nature, mais qui sont de pure convention.

D. Qu'est-ce qu'une machine ?

R. C'est un instrument ou un assemblage de constructions plus ou moins simples, qui changent la direction d'une force, qui en augmentent l'intensité ou la vitesse, ou qui en transmettent l'action.

D. A combien de machines simples peut-on rapporter les machines les plus composées ?

R. A sept ; savoir : aux *cordes*, aux *leviers*, à la *poulie*, au *plan incliné*, au *treuil*, à la *vis* et au *coin*.

Un grand mathématicien de nos jours a rapporté toutes les machines au *point*, à la *ligne* et au *plan*.

D. Qu'est-ce que le levier ?

R. Le levier, considéré mathématiquement, **est une ligne** droite ou courbe, que l'on suppose inflexible et sans pesanteur. Dans la réalité, c'est une tige de bois ou de fer qui s'appuie sur un point fixe, nommé *point d'appui ;* elle reçoit l'action d'une force nommée *puissance,* pour vaincre une autre force nommée *résistance.*

D. Combien y a-t-il d'espèces de leviers ?

R. On distingue trois sortes de leviers :

Leviers du premier genre. Dans lesquels le point d'appui est entre la puissance et la résistance : des ciseaux, une barre de fer à soulever des fardeaux, sont des leviers du premier genre.

Leviers du second genre. Dans lesquels la résistance est placée entre la puissance et le point d'appui : un couteau de boulanger, attaché par son extrémité, est un levier du second genre.

Leviers du troisième genre. Dans lesquels la puissance se trouve entre la résistance et le point d'appui : des pincettes, des cisailles à tondre les moutons, sont des leviers du troisième genre.

D. La balance n'est-elle pas un levier ?

R. Oui, c'est un levier du premier genre. Une balance, pour être juste, doit être sensible et avoir les deux bras d'une longueur égale et du même poids.

D. Qu'entend-on par la méthode des doubles pesées ?

R. C'est mettre dans un bassin le corps que l'on veut peser, et dans l'autre des poids, tels que ferrailles ou petit plomb ; et, lorsqu'il y a équilibre, retirer le corps soumis à la pesée et le remplacer par les poids-mesures, ce qui donne la véritable pesanteur du corps.

D. Qu'est-ce qu'une romaine ?

R. La romaine est un levier du premier genre. C'est une espèce de balance dont les bras sont inégaux. Au moyen de la méthode des doubles pesées, on peut en rendre l'usage très-exact.

D. Qu'est-ce qu'une poulie ?

R. La poulie simple sert à changer la direction d'une force, et à rendre le mouvement continu : c'est une roue en bois ou en métal, creusée en gorge à sa circonférence, et tournant sur un boulon ou cheville de fer qui reçoit la clavette, espèce de clou plat entrant dans l'ouverture pratiquée au boulon.

D. Quelle précaution doit-on observer dans la construction des poulies ?

R. On doit faire en sorte 1° de ne pas creuser la gorge ronde, mais angulaire, pour que la corde se maintienne sans glisser ; 2° de fixer l'axe à la poulie, pour qu'elle puisse tourner librement, même quand le trou du boulon sera agrandi.

D. Qu'est-ce que les moufles ?

R. Les moufles, nommés palans en terme de marine, sont des assemblages de poulies dont les unes sont fixes et les autres mobiles, et cependant embrassées par une même corde.

D. Quel est l'effet produit par les moufles ?

R. Pour connaître l'effet produit par cette machine, il suffit de multiplier la force de la personne qui la met en mouvement par le double du nombre des poulies mobiles.

D. Ce résultat est-il exact ?

R. Il faut le diminuer, à cause du frottement, du défaut de mobilité de l'axe des poulies, et de la rigidité des cordes. Dans les machines, le résultat ne répond pas aux calculs : le frottement est la cause principale de cette différence.

D. Qu'est-ce qu'un système de roues à engrenage ?

R. C'est une machine qui a pour objet de changer la direction du mouvement, en le transmettant d'une roue à une autre, au moyen de pignons. Les pignons sont de petites roues à dents qui ont le même axe que les grandes. Les roues à engrenage sont très-employées dans l'horlogerie.

Pour les pressoirs on se sert de roues ; mais alors les dents sont remplacées par des chevilles ; dans les roues de moulin à eau, les dents et les chevilles sont remplacées par des vannes ou augets.

D. Qu'est-ce que la vis?

R. C'est un cylindre droit, creusé en forme de spirale, entrant dans une pièce nommée *écrou*, creusée suivant la même spirale.

La distance d'un filet à un autre se nomme *pas de vis*.

Les filets sont ou triangulaires ou quadrangulaires, selon le résultat que l'on veut obtenir.

D. Qu'est-ce qu'un treuil?

R. C'est un cylindre qui tourne, au moyen d'une manivelle, sur un axe soutenu par deux points fixes : avec peu de force on enlève un lourd fardeau.

D. Qu'est-ce qu'une grue?

R. C'est un treuil destiné à soulever des blocs de marbre, de pierre, etc., et dans lequel on remplace la manivelle par une très-grande roue à chevilles, que des hommes font mouvoir au moyen des pieds et des mains.

D. Qu'est-ce qu'un cabestan?

R. Le cabestan est un treuil dont le cylindre est placé verticalement ; on le met en mouvement au moyen de deux leviers de bois qui traversent sa tête, et aux extrémités desquels des hommes agissent de toute la force de leurs bras et de leurs corps.

D. Qu'est-ce qu'une vis sans fin?

R. C'est une machine composée d'un cylindre dont les extrémités sont portées sur des points fixes ; elle est mue par une ou deux manivelles ; deux filets, ordinairement de forme carrée, et faisant saillie sur la surface du cylindre, engrènent avec les dents d'une roue verticale, à l'axe de laquelle se trouve un rouleau : c'est sur ce rouleau que se roule et se déroule la corde qui retient le fardeau. On peut, au moyen de cette machine, soulever une lourde masse avec une petite force ; mais il faut alors beaucoup de temps.

D. Qu'est-ce qu'une patère?

R. C'est un ornement qui a la forme d'une coupe ; il est en marbre, et le plus souvent en cuivre.

D. Que signifie le mot porte cochère ?

R. La dénomination de porte cochère vient du mot *coche*, ancienne voiture. Porte cochère veut dire porte disposée pour y entrer avec un coche.

Les portes cochères de maisons d'habitation coûtent de 1,000 à 1,500 fr.

D. Qu'est-ce que l'ornement ?

R. C'est la partie du dessin qui s'occupe d'embellir les différents produits des arts. Les dessins des papiers peints, ceux des étoffes ; les figures qui ornent les vases, les meubles ; les constructions de menuiserie, de serrurerie, de maçonnerie, etc., appartiennent à l'ornement. Les feuilles de chêne, de laurier, d'olivier, et les palmes, sont employées comme symboles. Le caducée est l'emblème de l'union et de la concorde, du commerce et de la paix. Le thyrse est un emblème de gaîté bachique. La lyre, la flûte, le *tympanum*, sont des emblèmes de joie et de plaisir.

D. Qu'est-ce que dessiner avec sentiment?

R. C'est dessiner sans roideur, et en cédant à cet instinct de goût qui se développe chez celui qui a copié longtemps les bons modèles.

D. Qu'est-ce qu'un sablier?

R. Pour marquer les heures, les anciens se servaient d'horloges à sable, nommées sabliers ou sables. Ils se servaient aussi d'horloges à eau, nommées clepsydres. Le sablier se composait de deux fioles réunies par un goulot. Le sable qui était placé dans la fiole du haut mettait un certain temps à tomber dans celle du bas ; alors on retournait le sablier : ce qui donnait une division assez régulière du temps.

D. Qu'est-ce qu'un balustre, et de quelles parties se compose-t-il?

R. Le balustre est une espèce de petite colonne avec un

renflement qui doit être du quart de sa hauteur. Les balustres qui servent dans l'intérieur ont deux renflements. On distingue, dans le balustre à un renflement : l'appui, le tailloir, le quart-de-rond, le filet, le gorgerin, l'astragale, le filet, le col, le renflement, la baguette et son filet, la scotie et son filet, le tore et la plinthe.

D. Qu'est-ce qu'un piédouche?

R. C'est une base ornée de moulures.

D. Qu'est-ce qu'une moulure?

R. On appelle moulures des parties saillantes qui servent à orner les travaux d'architecture.

D. Comment les divise-t-on?

R. On les divise en moulures carrées, rondes et mixtes. Les principales moulures carrées sont : le filet, le réglet, la plate-bande, la plinthe et le larmier.

Les principales moulures rondes sont : le quart-de-rond, le cavet, la baguette, le tore, le congé et la gorge. Les moulures mixtes sont : le talon, la doucine et la scotie.

Souvent on orne les moulures de feuilles d'acanthe, d'arceaux, d'oves, etc., etc.

D. Qu'est-ce qu'une élévation de bâtiment?

R. C'est le dessin de la façade d'un bâtiment.

D. Qu'est-ce que le plan géométrique d'une maison?

R. C'est la coupe faite par un plan horizontal.

Pour avoir une idée complète de la disposition intérieure d'une maison, on fait plusieurs plans géométriques : le plan des caves, le plan du rez-de-chaussée, et le plan de chaque étage.

D. Qu'est-ce qu'un profil de maison?

R. C'est la coupe verticale faire dans l'intérieur d'une maison par un plan vertical. Cette coupe sert à faire comprendre la distribution intérieure.

D. Donnez une idée de la manière dont on construit une maison.

R. Si le terrain sur lequel on veut construire est solide,

on peut creuser les fondations pour y disposer les caves. On pose à sec, c'est-à-dire sur mortier, les *libages* ou quartiers de pierre dure. Sur cette première assise on place des moellons durs, liés ensemble avec du mortier; ensuite on élève les caves et les murs. Si le sol n'est pas assez résistant, on bâtit sur pilotis ou sur plate-forme.

En élevant les murs on a soin de placer aux angles, et de distance en distance, des chaînes verticales ou assises de pierre de taille pour soutenir les planchers. Ces chaînes verticales sont unies entre elles par des chaînes horizontales. Les murs de face sont plus épais que ceux qui les traversent à angle droit, et que l'on nomme murs de refend.

On divise les étages au moyen de cloisons, qui sont simples, pleines ou creuses. Elles ont de 16 à 18 centimètres d'épaisseur. Outre ces cloisons, il y a encore les cloisons légères, qui sont construites en briques, en carreaux, en plâtre, ou simplement en planches de bateaux.

Les portes sont maintenues par des poteaux d'huisserie; le dessus des croisées est maintenu par des pièces de bois horizontales appelées linteaux.

Pour éviter le feu, on ne place jamais l'âtre d'une cheminée sur des pièces de bois, mais sur un vide laissé dans le plancher. Ce vide, appelé *trémie*, est rempli par deux ou trois barres de fer, sur lesquelles on pose des plâtras. Sur ce hourdage on applique le foyer en pierre.

D. Qu'est-ce que le dessin linéaire graphique?

R. C'est le dessin qui emploie la règle, le compas et les autres instruments.

D. A quoi sert-il?

R. Il sert, dans les arts, à obtenir des dessins parfaitement exacts.

(Nous ne donnons pas les demandes et les réponses du chapitre XIV. Les élèves doivent savoir exécuter les constructions géométriques; mais il n'est pas indispensable qu'ils en indiquent de vive voix les procédés à suivre.)

D. Quels sont les moyens de tracer une ligne droite?

R. Si la ligne droite n'a qu'une petite étendue, on se sert d'une règle plate ou carrée.

Lorsqu'on doit faire glisser le long de l'arête un instrument tranchant, on emploie une règle en fer.

Les charpentiers et les menuisiers se servent d'un cordeau qu'ils blanchissent avec du blanc d'Espagne ou de l'ocre rouge. On applique le cordeau sur une surface, on le pince au milieu, on le soulève verticalement, et on le laisse retomber : l'empreinte colorée qui reste sur la surface est une ligne droite. Les jardiniers, les maçons et les paveurs se servent d'un cordeau tendu par deux piquets. Dans l'arpentage, on se sert de jalons.

D. Pourriez-vous faire connaître des applications de la ligne droite dans les phénomènes de la nature?

R. Un corps grave abandonné à lui-même tombe selon la verticale. Une bille lancée roule en ligne droite sur une surface plane. Le son, la lumière, arrivent en ligne droite. Les bâtiments, les portes, les fenêtres, sont disposés selon la verticale; les meubles, pour être d'aplomb, doivent poser sur le plancher selon la verticale.

D. Quelle est l'application du cercle dans les arts?

R. Cette application est fréquente : les roues des voitures, les roues des machines, les meules de moulin, ont la forme circulaire.

On trace les très-petites circonférences avec un compas à balustre; les circonférences ordinaires, avec un compas que l'on peut armer d'une branche de rallonge; les très-grandes circonférences, avec une règle à curseur.

Les maçons, les menuisiers, les charpentiers, se servent d'un compas de fer; les jardiniers, d'un cordeau attaché à deux piquets, dont l'un est immobile, tandis que l'autre trace la circonférence.

Les tourneurs, les potiers de terre, tracent des circonférences en imprimant un mouvement de rotation à un arbre qui porte la pièce que l'on veut arrondir.

On trace une suite de cercles concentriques sur la surface de l'eau tranquille en y lançant une pierre ; le son communique ses vibrations à l'air environnant par des cercles concentriques, qui vont toujours en augmentant.

La toupie, le sabot et le toton, mis en mouvement, décrivent des circonférences.

D. Quelle est l'application de la division de la circonférence en 360 degrés ?

R. La division de la circonférence reçoit des applications très-importantes : en effet, c'est sur cette division qu'est fondée la construction du rapporteur, du graphomètre, de la boussole, du sextant, des cartes et des globes géographiques.

D. Quelle est l'application des angles aux usages de la vie ?

R. La plupart des constructions, telles que maisons, fenêtres, portes, murs, offrent constamment des angles droits. Le principe que l'angle d'incidence égale toujours l'angle de réflexion, trouve son application dans les phénomènes de la lumière, du son, dans la pose des glaces étamées, même au jeu de billard.

D. Quelle est l'application usuelle de la théorie de parallèles ?

R. Les portes, les fenêtres, les murs, les grilles, offrent des lignes parallèles. Le laboureur qui cultive bien trace des sillons parallèles ; les arbres des jardins sont souvent rangés en allées parallèles. Dans les livres, les lignes sont disposées parallèlement et à distances égales ; dans l'écriture, les directions des lettres sont parallèles ; il en est de même dans le dessin, où les hachures doivent être parallèles. Les chemins de fer offrent une belle application des parallèles dans la disposition des rails que parcourent les roues des wagons.

La régularité du mouvement dans les machines à vapeur exige un parallélisme parfait dans les surfaces des pistons et des corps de pompe.

D. Quelle est l'application de la division des lignes droites en parties proportionnelles?

R. C'est sur cette théorie que repose le dessin en miniature, le dessin des plans.

D. Quelle est l'application des droites tangentes à la circonférence?

R. La corde enroulée autour de la gorge d'une poulie en est une application, ainsi que le changement du mouvement circulaire en mouvement rectiligne, au moyen d'une roue dentée qui engrène avec les dents d'une barre de fer droite.

D. Quelle est l'application des cercles qui se touchent?

R. Elle donne lieu à la construction des roues dentées employées dans la mécanique et l'horlogerie?

D. A-t-on fait l'application du parallélisme des côtés du parallélogramme?

R. On a construit sur ces principes le pantographe, instrument qui sert à copier les plans en petit et en grand, sans être obligé de se servir d'échelle de proportion.

D. Quelle est l'application du rectangle?

R. Les maisons, les portes, les fenêtres, sont presque toujours rectangulaires; les surfaces des pierres de taille, des briques, des tuiles, sont des rectangles.

D. Quelle application fait-on du carré?

R. La forme régulière du carré le rend précieux dans le décor et l'ornement. La menuiserie, la vitrerie, la marqueterie, l'emploient fréquemment; les damiers, les échiquiers, sont composés de carrés de différentes couleurs.

D. Quelle application fait-on des pyramides?

R. Les clochers de village sont presque tous terminés en pyramides quadrangulaires, hexagonales ou octogonales. Les obélisques sont des pyramides très-hautes avec une base très-étroite : ils sont destinés à conserver le souvenir d'événements importants. Les fameuses pyramides d'Égypte sont des pyramides plus larges que hautes, et par conséquent d'une solidité à l'épreuve du temps.

D. Quelle est l'application de la sphère?

R. Les globes terrestres et célestes qui servent à l'étude de la géographie sont de forme sphérique. Les boulets de canon, les balles de fusil, les billes de billard, et les billes des enfants, sont des sphères de dimensions différentes. On couvre les lampes de sphères de cristal dépoli pour affaiblir une lumière trop vive. Les ouvriers se servent de sphères de cristal remplies d'eau pour augmenter la clarté de leur lampe.

D. Quelle est l'application du cylindre?

R. Les tuyaux de poêle, les boisseaux, les litres, les casseroles, etc., etc., sont des applications du cylindre.

Dans les manufactures de coton, de drap et de papier, on dispose des cylindres qui se touchent, et qu'on appele laminoirs. Les corps que l'on y fait passer se trouvent nécessairement aplatis. On lamine également le 1er, le zinc et le plomb.

D. Quelle est l'application du cône?

R. Les pains de sucre sont de forme conique; les baquets, les seaux, les cuves, sont des cônes tronqués. On peut considérer un tonneau comme un assemblage de deux cônes tronqués réunis par leur plus grande base.

TABLE DES MATIÈRES.

INSTRUCTION POUR L'APPLICATION DE L'ENSEIGNEMENT DU DESSIN LINÉAIRE.

QUESTIONS SUR LE DESSIN LINÉAIRE, SERVANT D'EXAMEN POUR CONSTATER LE TRAVAIL DES ÉLÈVES.

FIN.